装备系统分析理论与方法

陈士涛　赵保军　李大喜　编著

科学出版社

北京

内 容 简 介

装备的发展过程是一个系统性很强的实践过程,从总体角度研究装备发展所采用的理论和方法均为系统分析理论与方法。本书从系统的角度对在装备发展过程中已广泛应用的装备概念研究、能力需求论证、费用分析、效费分析、风险分析、系统综合评价、系统建模与仿真等系统分析理论与方法进行较为全面的归纳和总结;将装备发展过程中应用的系统理论与方法相互联系起来,以论述它们之间的关系,并划分它们各自的应用阶段。另外,通过案例对方法的应用进行阐述。

本书可为从事装备论证、研制、管理、使用的相关研究人员提供参考,也可作为军事装备学、管理科学与工程、工程管理、项目管理等专业的研究生参考书。

图书在版编目(CIP)数据

装备系统分析理论与方法/陈士涛,赵保军,李大喜编著. —北京:科学出版社,2022.6
 ISBN 978-7-03-071036-9

Ⅰ. ①装… Ⅱ. ①陈… ②赵… ③李… Ⅲ. ①武器装备管理 Ⅳ. ①E075

中国版本图书馆 CIP 数据核字(2021)第 265456 号

责任编辑:宋无汗 / 责任校对:任苗苗
责任印制:张 伟 / 封面设计:陈 敬

科 学 出 版 社 出版
北京东黄城根北街 16 号
邮政编码:100717
http://www.sciencep.com

北京中科印刷有限公司 印刷
科学出版社发行 各地新华书店经销

*

2022 年 6 月第 一 版 开本:720×1000 1/16
2022 年 6 月第一次印刷 印张:10 3/4
字数:217 000
定价:110.00 元
(如有印装质量问题,我社负责调换)

前　言

装备发展是一项涉及面非常宽广、内容十分复杂的系统工程，需要从系统角度论证、研制、管理和使用，装备系统分析理论与方法对装备的发展起到了明显的推动和指引作用。装备发展论证工作先是树立观念，然后才是寻找和运用方法，而系统分析理论与方法的要点就是解决观念问题。系统分析方法在各个领域已得到广泛的应用。有效运用系统分析方法的关键不是技术问题，而是思维方法和观念的问题。

运用系统分析方法的精髓是在解决实际问题过程中将多种方法综合运用，针对某一特定问题的若干子问题，选用可有效解决这些子问题的方法，求解出各子问题的结果，然后通过系统综合方法得到该特定问题的结果。这种系统分析方法对于解决由不同质、不同度、不同时的子问题构成的特定问题尤为适用。在新型装备的发展中，通过系统分析方法综合运用资源、实施管理，对于提高装备体系的效能和使用保障水平具有十分重要的现实意义。

本书编写组在已有工作的基础上，以及杨建军教授的指导下，对近年来发展的新理论、新思想进行了总结凝练，撰写了本书。本书由陈士涛、赵保军、李大喜组织撰写并统稿，具体写作分工：第 1 章由赵保军负责；第 2 章由李大喜负责；第 3、4 章由陈士涛负责；第 5 章由张鹏涛、许建虹负责；第 6 章由陈士涛、宋晓博负责；第 7 章由李大喜、盛晟负责；第 8 章由赵保军、李大喜负责；第 9 章由周中良、方甲永负责。编写过程中，参考引用了国内外相关文献，对于所引用的研究成果，列出了相应的参考文献。对在此领域做出重要贡献的专家学者表示崇高的敬意和由衷的谢意。

由于作者水平有限，书中难免存在不妥之处，恳请读者批评指正，以便后期改正。

目 录

前言

第1章 绪论 ·· 1
1.1 系统观念 ··· 1
1.1.1 整体观念 ··· 1
1.1.2 综合观念 ··· 3
1.1.3 价值观念 ··· 4
1.1.4 全过程观念 ·· 4
1.2 系统分析 ··· 5
1.2.1 系统分析基本概念 ·· 5
1.2.2 系统分析方法 ·· 6
1.3 装备发展中的系统工程 ··· 9
1.3.1 系统工程三维结构 ·· 9
1.3.2 系统工程活动矩阵 ··· 10
1.3.3 软系统方法论 ··· 11
1.3.4 综合集成法 ·· 12

第2章 装备发展系统分析方法体系 ·· 14
2.1 装备发展主要阶段划分 ··· 14
2.2 装备发展规划决策 ··· 15
2.2.1 装备发展规划决策原则 ·· 16
2.2.2 装备发展规划决策理论方法 ··· 17
2.3 装备发展组织实施 ··· 18
2.3.1 装备发展组织实施原则 ·· 18
2.3.2 装备发展组织实施理论方法 ··· 19
2.4 装备发展三维结构 ··· 20
2.4.1 性能维 ··· 22
2.4.2 时间维 ··· 23
2.4.3 费用维 ··· 25
2.4.4 性能-费用平面 ··· 27

2.4.5　性能-时间平面 ·· 27
　　　2.4.6　时间-费用平面 ·· 28
　　　2.4.7　装备发展状态空间 ·· 28
　2.5　装备发展研究理论方法体系 ·· 29

第3章　装备概念研究理论与方法 ·· 32

　3.1　装备作战概念设计方法 ·· 32
　　　3.1.1　装备作战概念设计要素 ··· 32
　　　3.1.2　装备作战概念设计框架 ··· 34
　　　3.1.3　装备作战概念描述基本方法 ··· 36
　3.2　装备作战概念评估方法 ·· 40
　　　3.2.1　装备作战概念评估难点 ··· 40
　　　3.2.2　基于时间-资源约束的评估方法 ··· 40
　　　3.2.3　作战概念评估指标体系 ··· 43
　　　3.2.4　作战概念评估模型构建 ··· 44
　3.3　装备作战概念研究案例 ·· 45
　　　3.3.1　顶层作战概念设计 ·· 45
　　　3.3.2　装备作战概念基本描述 ··· 45
　3.4　装备系统概念设计方法 ·· 48
　3.5　装备系统概念评估方法 ·· 50
　　　3.5.1　装备系统概念评估难点 ··· 50
　　　3.5.2　能力线/技术线耦合评估方法 ··· 52
　3.6　装备系统概念研究案例 ·· 54
　　　3.6.1　任务概念描述 ··· 54
　　　3.6.2　作战概念描述 ··· 55
　　　3.6.3　技术概念描述 ··· 58
　　　3.6.4　装备概念描述 ··· 59

第4章　装备能力需求分析理论与方法 ·· 61

　4.1　装备能力需求论证的特点 ·· 61
　4.2　装备能力需求辨识与提取 ·· 62
　　　4.2.1　体系任务-能力关联矩阵构建 ··· 63
　　　4.2.2　作战活动-能力关联矩阵构建 ··· 64
　4.3　装备能力需求验证与评估 ·· 65
　4.4　装备能力需求裁剪与分类 ·· 68

第5章　LCC 分析理论与方法 ································ 71

5.1　引言 ·· 71
5.1.1　基本概念 ··· 71
5.1.2　影响因素 ··· 72
5.1.3　分析过程 ··· 74
5.2　寿命周期费用模型 ·· 75
5.2.1　费用分解结构 ·· 75
5.2.2　费用估算方法 ·· 76
5.3　寿命周期费用估算 ·· 79
5.4　寿命周期费用评价 ·· 82
5.5　寿命周期费用管理 ·· 84

第6章　效费分析理论与方法 ·· 86

6.1　效能分析 ·· 86
6.1.1　基本概念 ··· 86
6.1.2　效能度量 ··· 87
6.1.3　效能分析方法 ·· 88
6.2　系统效能模型 ·· 89
6.3　装备体系效能评估 ·· 93
6.4　效费分析的环节和方法 ·· 97
6.4.1　效费分析基本环节 ······································ 97
6.4.2　效费分析方法 ·· 98
6.5　效费分析案例 ··· 101

第7章　装备风险分析理论与方法 ·· 106

7.1　基本概念 ··· 106
7.2　装备风险分析方法 ·· 109
7.2.1　加权和量化方法 ·· 109
7.2.2　模糊相对风险度 ·· 111
7.2.3　风险指数法 ·· 112
7.2.4　风险因子法 ·· 113
7.2.5　技术风险相关分析 ······································ 115
7.3　装备风险管理方法 ·· 115
7.4　装备风险分析案例 ·· 117

第 8 章 装备系统综合评价理论与方法 ········· 125
8.1 装备系统综合评价内容 ········· 125
8.2 装备系统综合评价基本步骤 ········· 127
8.3 装备系统综合评价方法 ········· 130
8.3.1 层次分析法 ········· 130
8.3.2 模糊综合评价法 ········· 131
8.3.3 仿真法 ········· 133
8.3.4 其他方法 ········· 136
8.4 装备系统综合评价指标体系 ········· 137
8.5 装备系统综合评价案例 ········· 138

第 9 章 装备系统建模仿真理论与方法 ········· 143
9.1 装备系统建模概述 ········· 143
9.1.1 装备系统建模基本要求 ········· 143
9.1.2 装备系统模型层次 ········· 144
9.1.3 装备系统模型内部关系 ········· 146
9.1.4 装备系统模型外部影响因素 ········· 147
9.2 作战需求建模 ········· 149
9.2.1 作战需求建模目标 ········· 149
9.2.2 作战需求建模方法 ········· 150
9.3 装备系统结构模型 ········· 153
9.3.1 选择系统要素 ········· 153
9.3.2 系统要素关系特性 ········· 153
9.3.3 系统要素间的相互关系 ········· 154
9.3.4 建立结构模型 ········· 156
9.4 装备系统仿真 ········· 157
9.4.1 系统仿真分类 ········· 158
9.4.2 系统仿真的基本步骤 ········· 159

参考文献 ········· 163

第1章 绪 论

现代高技术条件下的军事对抗不仅是高技术武器之间的对抗,还是装备体系之间的体系对抗。在装备的发展过程中,除了提高单项装备的性能外,还应从体系角度着手,运用系统方法提高和完善整个装备体系的综合性能。

装备的发展是一个统筹兼顾、全面考虑的综合性问题,对装备的论证分析适用于采用系统的思维和系统工程的方法。系统观念在我国的成功运用首先体现在装备发展中,如"两弹一星"工程。在"两弹一星"工程中,钱学森同志提出了利用系统思想把运筹学和管理学统一起来的见解,并提倡成立总体设计部,使国防尖端技术的科研工作获得了迅速的发展。我国的"两弹一星""载人航天"等重大工程就是坚持系统观念、运用系统方法的成功案例[1]。实践表明,系统观念、系统方法是组织管理重大工程、重大事业不可或缺的方式方法。在装备发展中采用系统管理方法,综合协调优化技术参数,以实现在最短的时间内,获得满足要求、适度超前、使用简便、寿命周期费用最少的装备系统,是应用系统理论和方法的最终目的。

1.1 系 统 观 念

系统观念是运用系统理论的观点和方法来认识事物,争取实现最优处理问题的思维方式,是人类对于系统的本质和内在规律的基本看法,是解决系统问题时必须遵循的基本指导思想。系统观念包括四个方面:整体观念、综合观念、价值观念和全过程观念。

1.1.1 整体观念

树立整体观念就是用系统的方法研究问题,在空间上树立全局观念,在时间上树立长远观念。立足总体、统筹全局、全面规划并协调处理,使系统的总体与部分、部分与部分、系统与环境之间达到辩证统一、协调融合[2]。

美国的"阿波罗登月计划"是成功运用系统整体观念的工程实例之一。"阿波罗登月计划"共组织了2万多家企业、200所大学和80多个研究机构,使用600多台大型计算机,30多万人参与研制工作,耗费255亿美元,历时11年。"阿波罗登月计划"的全部任务由地面、空间和登月三部分组成,是一项复杂、庞大的工程项目，涉及多方面的技术。"阿波罗"飞船和"土星"五号运载火箭有860多万个零部件，以及众多的子系统，各子系统之间纵横交错、相互联系、相互制约。为顺利完成这项工作，"阿波罗登月计划"的组织者除了考虑各部门之间的配合和协调工作外，还要预估各种未知因素可能带来的影响。面对这些千头万绪的工作和千变万化的情况，"阿波罗登月计划"成立了总体规划部门，运用体现系统整体观念的科学组织管理方法，综合考虑，统筹安排，提前两年成功地将3名宇航员送上了月球。

我国的"两弹一星"工程和"载人航天"工程的成功也充分体现了系统整体观念的运用。在钱学森同志的提议下，"两弹一星"工程成立了总体设计部，负责全面协调整体工作，保证了"两弹一星"工程的顺利进行。"两弹一星"工程中成功运用系统整体观念所形成的航天系统工程理论在我国的"载人航天"工程中继续发挥着重要的作用。

部分失败的装备发展案例也验证了整体观念的重要性。例如，美国的"科曼奇"直升机项目，始于1983年，当时仍是美苏对峙的冷战时期，欧洲大陆是美苏可能发生战争的热点地区。"科曼奇"直升机项目的所有要求都是针对欧洲环境下的战争而设定的。但是随着国际形势和美军战略重心的变化，2004年3月美军方宣布取消投资380亿美元的"科曼奇"直升机项目，将146亿美元经费转向增购796架"黑鹰"直升机。

"科曼奇"直升机头顶多项高科技光环，但为什么在研制了21年后，却半途而废停止发展呢？深入分析其原因，不外乎两点。

原因1："不对称战争"拒绝"科曼奇"直升机。停止"科曼奇"直升机的发展计划最早源于2001年，当时曾在美国海军航空兵部队服役的国防部部长拉姆斯菲尔德就提出了一份全新的国防战略评估报告。该报告认为，美军的战略重心需从冷战时期的大规模作战转移到打赢恐怖分子的"不对称战争"上。美军应当削减常规部队，特别是陆军的规模，将节省下来的钱用于发展"国家导弹防御系统"（national missile defence，NMD）、远程隐身轰炸机等高科技装备。近几十年，美国发动地面战争的机会越来越少，在某种程度上，维持现有部队规模是一种浪费。

费用过高并不足以让"科曼奇"直升机发展计划功亏一篑。促使美军放弃"科曼奇"直升机计划的主要原因还在于，该直升机当年的设计思想已经远远落后于时代。

原因2：无人机的优势胜过"科曼奇"直升机。美军分析了冷战结束后的世界形势认为：欧洲发生战争的威胁大不如前，而在阿富汗和伊拉克作战的环境都是寸草不生的大漠，难以让直升机有藏身之处。更重要的是，在伊拉克战争中频频发生直升机被击落的事件,其中有不少是被并无制导装置的火箭弹在短距离击落的。在与伊拉克战场类似的战争环境中,"科曼奇"直升机上各种隐身技术形同虚设,而"科曼奇"直升机的装甲保护又不如"阿帕奇"武装直升机。这些因素无疑使得"科曼奇"直升机的生存能力大打折扣。陆军可以拿着原本属于"科曼奇"直升机项目的巨额预算,购买约800架现役"黑鹰"直升机,升级现役战斗序列中的1400架作战飞机,并加大对无人机项目的资金投入。

美军重视无人机的发展是迫使"科曼奇"直升机发展计划终止的另一个主要原因。现在的无人机研制成本低廉,而且能完成"科曼奇"直升机担负的所有作战侦察任务,即使无人机被敌方击落,也不存在搜救飞行员的问题。美国军方透露:陆军参谋长根据阿富汗和伊拉克两场战争积累的经验,花了半年时间检讨陆军的军备采购计划,结论是"科曼奇"直升机的开发未能配合美国陆军作战模式的转变,因此只能取消其研制计划。

1.1.2 综合观念

分析和综合是解决问题的两种方法。传统的解决问题的方法多以分析为主,而系统方法则强调综合运用各种经验和知识,即从系统的总目标出发,将各种有关的知识和经验有机结合,协调运用,达到融会贯通,产生质的飞跃[3]。这就是"总体大于部分之和",即"1+1>2"的整体凸现原理。现代科技发展的趋势就是在高度分化的基础上实现高度综合。

系统综合成功的例证有苏联的"米格-25"和美国的"阿波罗登月计划"。

"米格-25"是苏联在1960年研制部署的一种高空高速战斗机,是世界上第一种速度超过马赫数3的战斗机。"米格-25"主要是为了对付美国研发中的XB-70轰炸机与SR-71"黑鸟"高空高速侦察机,"黑鸟"侦察机的最高速度达到马赫数3,普通的截击机根本无法追上它,更谈不上对它进行跟踪监视拦截,只有"米格-25"可以轻松尾随SR-71,随时监视其航向,并在其有不轨举动时发出警告。"米格-25"优越的技术性能令美国人十分关注,美方甚至以此推测苏联的军用航空制造技术已经领先于世界。1976年9月9日苏联飞行员别连科中尉驾驶"米格-25"飞机叛逃到日本北海道的函馆市,美国人才真正揭开了"米格-25"的神秘面纱。美日的技术专家把"米格-25"完全拆解后运到东京以北100多千米的百里空军基地,经过彻底的检查发现,该机70%的部件是不锈钢部件。美国人采用钛合金部件,苏联人仍采用普通的不锈钢部件,但是苏联工程师却用相对落后的技术和材料生产出某方面性能突出的战机,其综合运用的设计理念令人叹服。

在美国的"阿波罗登月计划"中,几乎没有一项是突破性的新技术,都是现有技术的运用,关键在于综合。"阿波罗飞船"的登月成功,还证实了系统科学的一个重要命题——"综合即创造"。

1.1.3 价值观念

价值是系统优化的指向。价值具有两重性，即价值的客观性和主观性。进行系统分析运用价值观念的要点如下。

（1）正确选择系统的价值目标。这对于系统目标的实现非常重要，如同战略错误是无法用战术措施进行纠正和弥补的。

第二次世界大战期间，英、美运输舰为了对付德国飞机的袭击，在船上安装了高炮，但这些高炮击落的敌机很少，仅占来袭敌机的4%左右，而且高炮的安装维修费很高，当时有人提出将高炮拆除。实际上，对于在运输舰上安装高炮的争论是一个如何选择价值目标的问题。价值目标是选击落敌机还是选保卫运输舰。若选击落敌机为价值目标，则在运输舰上安装高炮没有多少效益；若选保卫运输舰为价值目标，则在运输舰上安装高炮的效益巨大。在运输舰上安装高炮的目的不是击落敌机，而是保卫运输舰安全如期地到达目的地。实战统计显示，不安装高炮的运输舰损失率大于25%，安装高炮后，致使敌机不敢低飞，运输舰的损失率降到了10%以下，由此可见安装高炮是有效的。

（2）充分把握系统开发的时间价值和社会价值。时间价值的描述有"兵贵神速""寸金难买寸光阴""时间就是金钱"等说法。有些项目虽然很好，但错过了时机就可能成为鸡肋。例如，对某些装备的研制一拖再拖，等研制出来已经时过境迁，性能落后。

系统开发不仅要追求最佳经济效益，还应取得良好的社会效益和生态环境效益，只有被社会接受和公众认可的系统才具有生命力。例如，英、法合作研制的"协和式"客机技术性能很好，但噪声太大，经济性也不好，因此被迫于2004年全部退役。

（3）注意系统的潜在功能。系统开发除了会产生预计的效益外，可能还具有一些意想不到的潜在功能。这些潜在功能有可能是有益的，也有可能是有害的。

例如，早期为了防止德国法西斯率先掌握核武器，许多美国科学家联名上书美国总统罗斯福要求研制核武器，其中包括爱因斯坦。当核武器所带来的巨大破坏力展现后，一些科学家认识到核武器的出现可能会给人类带来难以控制的危害，又上书要求美国政府停止使用核武器。当时在研制核武器时没有考虑到核武器可能产生的危害，等认识到这种危害的潜在可能性时却为时已晚。

1.1.4 全过程观念

全过程观念包括两方面的内容：一是从系统发展的纵向看，任何系统的开发都应该做到系统的全寿命周期最优；二是从系统发展的横向看，系统开发必须使并行的两个过程（工程技术过程与工程管理过程）密切配合，相辅相成。

随着系统思想的深入发展，全过程的观念逐步渗入各个科研领域。例如，20世纪60年代末，装备的研制领域出现了武器系统寿命周期费用（life cycle cost，LCC）的概念。在这之前，对武器系统费用的定义主要是单件武器系统产品的成本，即主要考虑生产单件武器系统产品所需的费用。但单件武器系统产品的研制、生产成本已不足以说明武器系统总费用的高低，不能将武器系统的研究与研制费用、部队采购费用和使用与维护费用割裂开来加以考虑，而必须将它们结合起来，作为武器系统的全寿命周期费用进行总体综合考虑。武器系统的使用部门在做出采购决策时，不但要考虑采购费用，更要考虑在整个全寿命周期内的使用与维护费用。

武器系统寿命周期费用的大致构成比例：研究与研制费用占10%～15%，采购费用（生产费用）占30%～40%，使用与维护费用占50%～60%。现在，LCC已成为衡量一个武器系统投资水平和经济性的主要参数，也成了武器系统研究、设计、试验、研制及生产、采购、使用与维护等过程中各种决策的主要依据之一。实际上，LCC的概念就是全过程观念在武器系统研制上的体现。

1.2 系 统 分 析

系统分析（system analysis，SA）方法产生于20世纪50年代，由美国兰德（Rand）公司提出，早期主要用于武器系统的成本和效益分析，是一种进行定量分析的系统方法。系统分析是系统工程的一个逻辑步骤，是系统工程的重要标志。系统分析是通过一系列步骤，帮助决策者选择决策方案的一种系统方法。

在进行系统分析之前先要进行系统综合，提出系统实现的几种初步方案，系统分析针对这些方案进行分析、演绎，建立数学模型进行计算，优化选择系统参数。系统分析之后的逻辑步骤是系统评价，系统评价实际上是高一层次的系统综合，即综合系统分析的结果，然后评价各个备选方案的优劣。

1.2.1 系统分析基本概念

1. 系统分析的要素

系统分析的要素为目标、可行方案、费用、模型、效果、准则和结论，如图1-1所示。

系统分析是在明确系统目标的前提下，首先经过开发研究得到能够实现系统目标的多种可行方案，建立模型，并借助模型进行效果-费用分析；其次依据准则对可行方案进行综合评价，以确定方案的优先顺序；最后向决策者提出系统分析的结论（报告、意见、建议等），以辅助决策者进行科学决策。

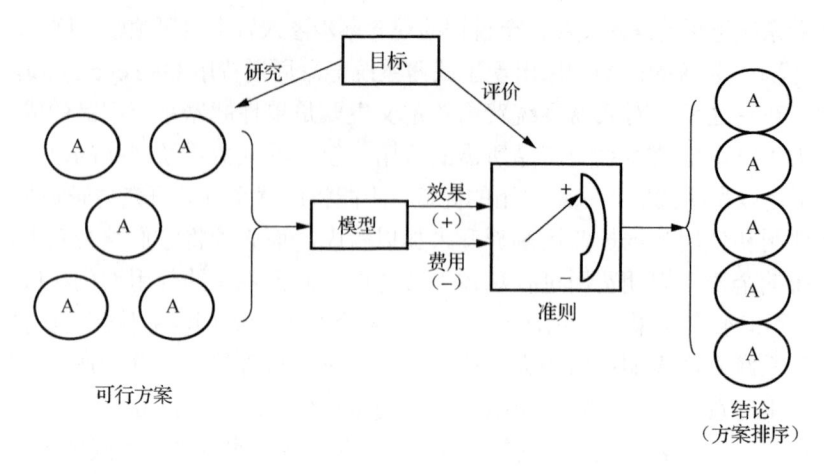

图 1-1　系统分析的要素

2. 系统分析的要点

系统分析的要点是明确所要解决的问题，以及解决问题的原因、时间、地点、人员、方法等。对于武器装备发展论证，开展系统分析过程中，可以借鉴 Zachman 模型思想，聚焦系统分析的要点，即重点分析回答 5W1H 问题：

(1) What（要做什么？）；
(2) Why（为什么要做？）；
(3) When（何时做？）；
(4) Where（在哪做？）；
(5) Who（由谁来做？）；
(6) How（如何做？）。

装备系统分析过程中，可以借鉴 Zachman 模型的 6×5 矩阵模型分析方法，对装备分析的内容进行细化。

1.2.2　系统分析方法

系统分析是一种系统方法，所采用的技术方法根据研究对象的特性而定。进行系统分析可采用目前较为成熟的一些系统分析方法，也可依据实际情况选用其他适宜的方法或方法组合。

系统分析常用的方法如下：

(1) 目标-手段分析法。将要达到的目标和所需的手段按系统展开，一级手段等于二级目标，二级手段等于三级目标，依次类推，便产生了层次分明、相互联系又逐渐具体化的分层目标系统。

（2）因果分析法。因果分析法又称为鱼刺图法，它是通过逐级分析形成结果的原因而获得系统结构的概念，如图 1-2 所示。

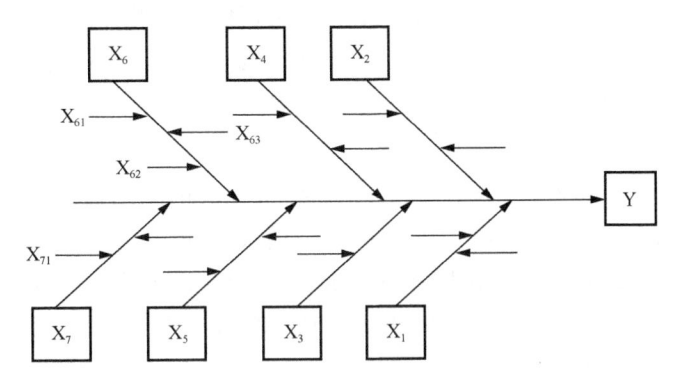

图 1-2　因果分析法

（3）KJ 法。KJ 法又称 A 型图解法、亲和图法，是一种直观的定性分析方法，由日本东京工业大学的川喜田二郎教授开发。KJ 法是从许多具体信息中归纳出问题整体意义的一种分析方法。KJ 法的基本原理是把一个个信息做成卡片，将这些卡片摊在桌子上，观察其全部，把有"亲近性"的卡片集中起来合成子问题，依次类推，最后求得问题的整体构成。

KJ 法利用卡片组合了解信息内涵的过程是一种适用于集体研究讨论问题的方法，便于集体成员间公开心得，贡献智慧，共同推进作业。因为讨论是针对卡片进行的，所以讨论是具体的。

（4）主成分分析法。通过变量变换方法把相关的变量转换为若干不相关的变量。由于变量线性无关，在分析与评价指标变量时，可切断相关因素的影响，便于找出主导因素，做出更准确的估计。

（5）模糊聚类分析法。按照事物的内在联系规律和一定的要求对事物进行分类，对不同类型的事物采用不同的方法进行研究。

（6）层次分析法和德尔菲法。层次分析法和德尔菲法也是常用的系统分析方法。

（7）计划评审技术。1956 年，美国杜邦公司的技术人员、管理人员和数学工作者经过几个月的研究，提出了关键路径法（critical path method，CPM），并在 1957 年应用于一个新化工厂的建设计划中，取得了良好的经济效益。1957 年，美国海军特种计划局研制"北极星"导弹的过程中，在顾问公司的协助下，创造出了一种控制工程进度的先进管理方法——计划评审技术（program evaluation and review technique，PERT），实现了时间进度、质量技术与经费管理三者的统一。

计划评审技术又称为计划协调技术、网络技术、统筹法、关键路线法，其要点是在整个计划的工作流程中寻找关键路线，然后通过优化，使关键路线最短。

CPM 和 PERT 在原理上十分相似，都是采用网络模型，只是在工序时间的确定上有所差别。由于 PERT 是军方首创，对时间进度最为关心，而 CPM 是民间首创，对成本非常重视。一开始两种方法的侧重点略有差异，但在后来的使用与发展中逐渐靠拢并融为一体。

(8) 图解评审技术。图解评审技术（graphical evaluation and review technique, GERT）是在计划评审技术基础上发展起来的现代系统分析工具。20 世纪 60 年代，美国国家航空航天局（National Aeronautics and Space Administration，NASA）在执行"阿波罗登月计划"中把 PERT 发展成 GERT，并应用计算机仿真技术，确保各项试验项目按期完成。

GERT 可以克服 PERT 的一些不足，还可以处理节点间多回路等采用 PERT 无法解决的问题。GERT 以网络的形式给出系统构造模型，采用模拟技术进行分析，有完整的程序和程序包，更逼近现实，也被称为"现实逼近法"。

GERT 不是对问题寻优，而是以统计方法得出有关数据，便于设计人员对问题的全貌进行了解认识，在此基础上做出最优决策。

(9) 风险评审技术。风险评审技术（venture evaluation and review technique, VERT）是在 PERT 的基础上，经过 GERT 和计算机仿真技术逐步加以扩充、改进，于 1972 年研制出的一种风险评审网络分析方法。近年来，此项技术发展迅速，被认为是唯一能充分且同等地衡量处理多个关键性参数及其相互作用的网络技术。

PERT、GERT 和 VERT 三种方法在导弹、卫星、飞船的研制过程起到了巨大作用。例如，我国"两弹一星"工程就是在钱学森的倡导和主持下，成立了总体设计部。研制工程由总体设计部按照系统工程的方法进行总体协调和组织。美国的"阿波罗登月计划"原计划为 1961~1972 年完成，共花费 11 年以上的时间，采用了 PERT 后，提前两年完成，并且完成得十分出色。美国国家航空航天局分析认为，实现"阿波罗登月计划"所需的理论及各项技术都已具备，真正的困难是组织协调庞大的科技队伍，把已有的理论、技术综合运用到一项工程中。若干年后，日本曾组织一批科学家参观了"阿波罗登月计划"采用的硬件设备和工艺。参观后他们感慨地认为，就这些工艺和设备而言，日本完全有能力生产出来，但就组织一项如此庞大而复杂的工程的协调、管理而言，其尚无这方面的技术和能力。

1.3 装备发展中的系统工程

装备发展中的系统工程以装备系统为研究对象，从系统的整体目标出发，研究系统的论证、设计、试验、生产、使用、保障和退役处理等装备发展各阶段的综合优化问题，以达到装备系统总体优化的科学目的。装备发展是一个系统形成的有序过程，这一过程既是一种技术实现过程，又是一个管理实现过程。装备发展中的系统工程是为了达到装备所有系统要素的优化平衡，控制整个装备系统研制工作的管理功能，将作战需求转化为一组系统参数，并综合这些参数以优化整个系统效能的过程。

应用系统工程的方法将所确定的作战需求转化为作战适用的装备，需要通过系统工程的需求分析、功能分析与分配、综合设计、试验评价的自上而下的反复迭代过程，将作战需求转化为系统性能参数和系统技术状态的描述，并通过费用、进度、性能和保障要素之间的综合平衡达到系统总目标优化的目的。

1.3.1 系统工程三维结构

系统工程方法论中出现最早、影响最大、最有代表性的是 1968 年美国贝尔电话公司工程师霍尔提出的系统工程三维结构模型（逻辑维、时间维、专业维）。霍尔三维结构模型将系统工程的整个活动过程分为前后紧密衔接的 7 个时间阶段和 7 个逻辑步骤，同时还考虑了为完成这些阶段和步骤所需要的各种专业知识和技能。将 7 个时间阶段作为时间维，7 个逻辑步骤作为逻辑维，相应的科学技术作为第三维，三者结合起来就形成了霍尔三维结构，如图 1-3 所示。

霍尔三维结构模型的出现，为解决大型复杂系统的规划、组织、管理问题提供了一种统一的思想方法，在世界各国得到了广泛应用。

在霍尔三维结构模型中，时间维表示系统工程活动从开始到结束按时间顺序排列的全过程，描述系统工程活动的时间进程，分为规划、方案、研制、生产、安装、运行、更新 7 个时间阶段；逻辑维是指时间维的每一个阶段内进行的工作内容和应该遵循的逻辑步骤，包括明确问题、确定目标、系统综合、系统分析、方案优选、做出决策、付诸实施 7 个逻辑步骤；专业维列举了工程项目中应用的环境科学、社会科学、工程技术、计算机科学、管理科学、经济、法律等各种知识和技能。三维结构体系形象地描述了系统工程研究的框架，对其中任一阶段和每一个步骤，又可进一步展开，形成分层次的树状体系。

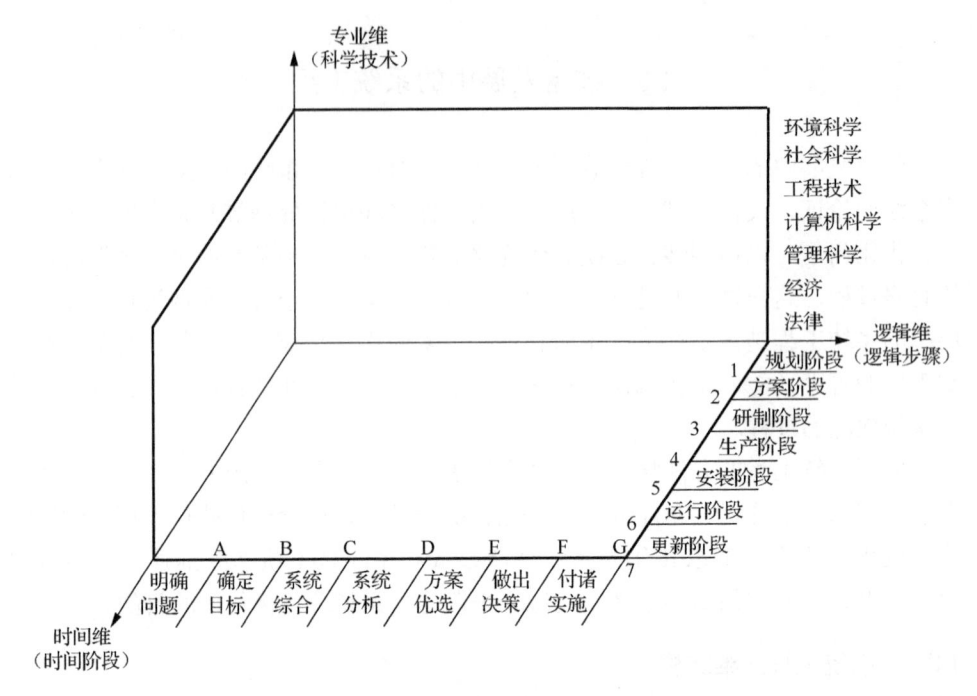

图 1-3 霍尔三维结构

采用系统工程方法解决问题，是指在系统工程观念的指导下，运用专业维的知识，依照系统工程活动矩阵所提供的时间阶段和逻辑步骤有序地进行，目标是建立一个技术可行、经济合算、时间最省、综合效益最好的系统。

1.3.2 系统工程活动矩阵

将霍尔三维结构模型的时间维和逻辑维结合形成的两维结构模型 $A = \{a_{ij}\}_{7\times 7}$ 为系统工程活动矩阵，如表 1-1 所示。系统工程活动矩阵是系统工程解决问题的时间阶段和逻辑步骤的总称，它体现了系统工程把设想变为现实的具体工作流程。系统工程处理问题必须遵循系统工程观念的指导，按照系统工程活动矩阵规定的时间阶段和逻辑步骤有序进行。

表 1-1 系统工程活动矩阵

逻辑步骤		1	2	3	4	5	6	7
		明确问题	确定目标	系统综合	系统分析	方案优选	做出决策	付诸实施
1	规划阶段	a_{11}	a_{12}	a_{13}	a_{14}	a_{15}	a_{16}	a_{17}
2	方案阶段	a_{21}	a_{22}	a_{23}	a_{24}	a_{25}	a_{26}	a_{27}
3	研制阶段	a_{31}	a_{32}	a_{33}	a_{34}	a_{35}	a_{36}	a_{37}

续表

逻辑步骤		1	2	3	4	5	6	7
		明确问题	确定目标	系统综合	系统分析	方案优选	做出决策	付诸实施
4	生产阶段	a_{41}	a_{42}	a_{43}	a_{44}	a_{45}	a_{46}	a_{47}
5	安装阶段	a_{51}	a_{52}	a_{53}	a_{54}	a_{55}	a_{56}	a_{57}
6	运行阶段	a_{61}	a_{62}	a_{63}	a_{64}	a_{65}	a_{66}	a_{67}
7	更新阶段	a_{71}	a_{72}	a_{73}	a_{74}	a_{75}	a_{76}	a_{77}

矩阵中，a_{ij}表示系统工程中的一组具体活动，如a_{11}表示在完成规划阶段中的明确问题进行的活动。矩阵中各项活动相互影响，紧密相关。

系统方案的产生过程具有反复性与收敛性两大特点。要从整体上达到最优效果，必须使各阶段步骤的活动反复迭代进行。系统工程活动矩阵，可以使系统工程工作的每一组活动与系统开发的全局紧密地联系起来，使当前的工作服从和服务于系统开发的总目标。反复性反映了从规划到更新过程所需的计划、组织和控制职能。收敛性表示系统方案经过反复的迭代优化，最终会产生一个理想的系统方案。

1.3.3 软系统方法论

英国学者切克兰德把霍尔的系统工程方法论称为硬系统思想或硬系统方法论（hard system thinking/hard system methodology，HST/HSM），他提出了一种软系统思想，称为软系统思想或软系统方法论（soft system thinking/ soft system methodology，SST/SSM）。

20世纪60年代，硬系统方法论在各种工程领域中得到了成功应用（如"阿波罗登月计划"），因此人们试图将这种方法扩大应用于求解社会系统的问题，并期望取得成功。然而事实证明，这是一种不合实际的愿望。由于社会系统的复杂性，当用硬系统方法论来解决社会系统问题时，其局限性就暴露出来，主要体现在以下三个方面。

（1）目标定义。硬系统方法论认为在问题研究开始时定义目标是很容易的，因而没有为目标定义提供有效的方法。但对于大多数系统管理问题，目标定义本身是需要解决的首要问题。

（2）考虑人的主观因素。硬系统方法论没有考虑系统中人的主观因素，把系统中的人与其他物质因素等同起来，忽视了人对现实的主观认识，认为系统的发展是由系统外的人为控制因素决定的。

（3）数学模型描述的合理性。硬系统方法论认为只有建立数学模型才能科学地解决问题。但是对于复杂的社会系统，建立精确的数学模型往往是不现实的，即使建立了数学模型,也会因为建模者对问题认识不足而不能很好地反映系统的特性。因此通过模型求解得到的方案往往并不能解决实际问题。

软系统方法论认为对社会系统的认识离不开人的主观意识,社会系统是人主观构造的产物。软系统方法论旨在提供一套系统方法,使得在系统内各成员间开展自由的、开放的讨论和辩论,从而使各种观念得到充分体现,在此基础上达成对系统进行改造的方案,切克兰德软系统方法论解决问题的思路和步骤如图1-4所示。

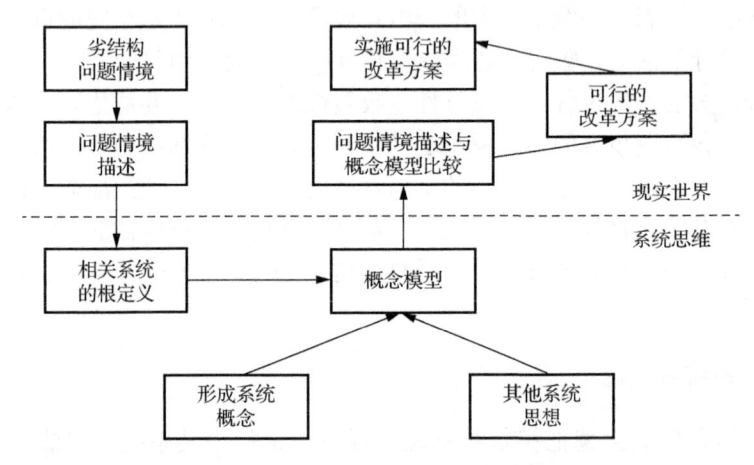

图 1-4 切克兰德软系统方法论解决问题的思路和步骤

1.3.4 综合集成法

综合(synthesis)与集成(integration)是系统工程中出现频次很高的术语。综合高于集成,综合集成(meta-synthesis)的重点是综合。集成注重物理意义上的集中,主要反映量变;综合的含义更广、更深,反映质变。

钱学森提出的综合集成对应的英文术语是 meta-synthesis(而不是 meta-integration),前缀 meta-的含义是"在……之上""在……之外",这里取"在……之上"之意。meta-synthesis 的字面意义是"在综合之上"。这说明综合集成的重点在综合,目的是创造、创新。"综合即创造"是系统工程领域的一句名言。

综合集成是在各种集成(观念的集成、人员的集成、技术的集成、管理方法的集成等)之上的高度综合(super-synthesis),又是在各种综合(复合、覆盖、组合、联合、合成、合并、兼并、包容、结合、融合等)之上的高度集成(super-integration)。综合集成考虑问题的视野是系统之上的系统,包含本系统且比本系统更大的系统。综合集成的概念如图 1-5 所示。

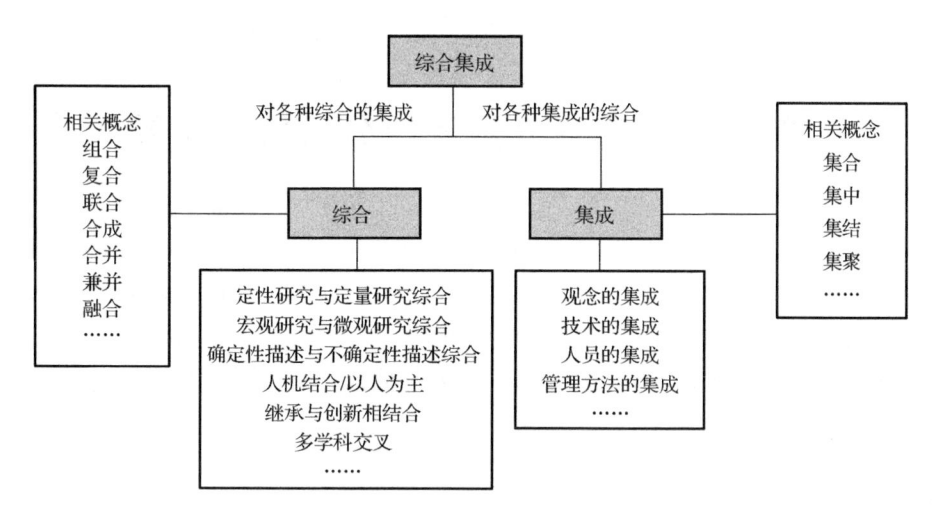

图 1-5 综合集成的概念图解

综合集成作为一种科学方法论，有其自身的特点，它是在现代科学技术发展这个大背景下提出来的。现代科学技术不是单独研究具体事物、现象，而是研究这些事物、现象发展变化的过程，研究这些事物和现象相互之间的关系。现代科学技术已经形成一个很严密的综合体系，这是现代科学技术一个很重要的特点。

综合集成法是一个把专家体系、信息与知识体系，以及计算机体系有机结合起来构成高度智能化的人机结合系统，体现了精密科学从定性判断到定量论证的特点，也体现了从以形象思维为主的经验判断到以逻辑思维为主的精密定量论证的过程。综合集成法的理论基础是思维科学，方法基础是系统科学和数学，技术基础是以计算机为主的信息技术，哲学基础是实践论和认识论。

综合集成法指出了解决复杂巨系统和复杂性问题的过程性及其过程的方向性和反复性。这个过程是从提出问题和形成经验性假设开始，体现专家体系所具有的科学理论、经验知识、判断力和智慧。这一过程一般通过研讨的方式进行，通常是定性的，以形象思维和社会思维为主。然后是精密的严格论证，其通过人机结合、人机交互、反复对比、逐次逼近的方式进行，对经验性假设做出明确的结论，这一过程以逻辑思维和辩证思维为主。通过精密的严格论证，如果经验性假设被证实，则可得出现阶段对客观事物认识的科学结论，否则就需要对经验性假设进行修正，提出新的经验性假设，再重复以上过程。

第2章 装备发展系统分析方法体系

装备发展是一个极具复杂性、综合性的系统问题，因此必须从系统角度进行全面综合考量。随着装备体系化和综合化程度越来越高，装备发展研究所涉及的理论方法及其范围也越来越广、种类越来越多、综合性越来越强。研究方法综合性的不断提升，使系统理论与方法在装备发展研究中的作用越来越大。

2.1 装备发展主要阶段划分

从装备的发展历程看，装备的发展可分为规划决策、组织实施和使用管理三个主要阶段。这三个阶段具有一定的独立性，但从全系统、全进程的角度考虑，这三个阶段紧密关联，并具有一定的反馈特性。上一阶段研究的输出是下一阶段研究的输入，下一阶段研究过程出现的某些问题对上一阶段的研究形成反馈，并可形成上一阶段研究新的输入。

（1）规划决策阶段主要解决发展方向、目标和程度的问题，这一阶段的主要工作是需求分析和论证决策。分析论证发展什么装备，发展到什么程度，并将作战需求转化为具体装备的战术技术指标。需求分析以定性分析为主，确定发展方向和目标；论证决策以定量分析为主，确定发展程度和指标。规划决策是在国家安全需求、国民经济实力和科技发展水平三维空间中进行的，该阶段的输入是初始的作战需求以及相应国家安全需求、国民经济实力和科技发展水平约束，该阶段的输出为具体装备的战术技术指标和相应的配套要求。

（2）组织实施阶段的主要工作是具体组织实施装备发展工作，以最小的资源消耗实现规划决策的目标，将决策目标转化为具体的装备。组织实施是在性能、时间和费用三维空间中进行，该阶段的输入是规划决策阶段的输出以及相应的经费、时间、科技水平约束，该阶段的输出为定型的装备。

（3）使用管理阶段的主要工作是通过有效的管理，使装备始终处于良好状态，充分发挥装备的效能，使装备系统发挥应有的战斗力，并在使用过程中通过对操作、维修、保障、人员等方面状况的研究改进，逐步提高装备的作战效能，逐渐改进和完善装备的使用操作、维修保障性能。使用管理是在装备保障（使用操作、日常保养）、技术保障（维修、备件、战场抢修）和人员保障（编制、人员素质、训练水平）三维空间中进行的。该阶段的输入是组织实施阶段输出的具体装备以及相应的作战要求、保障能力约束,该阶段的输出是抽象化的装备作战效能。使用管理阶段通过对装备结构、编配和使用操作方法的改进研究,对装备的改进改型提出建议,从而对规划决策阶段和组织实施阶段形成反馈。

以上三个阶段所采用的理论方法各有特色,第一个阶段所采用的理论方法技术特色鲜明,第二个阶段和第三个阶段所采用的理论方法管理特色突出。

在装备发展的进程中,除采用具体的工程技术方法实现装备的性能指标以外,还需采用优化方法对装备的性能参数进行分配和协调,采用系统集成方法将各分系统优化集成,使集成后的系统呈现出优越的总体性能。同时在装备发展过程中,还需采用系统方法控制协调装备发展过程中性能、费用、时间等多种相互并不独立的影响因素,达到以最小代价获得最大效益的目的,并确保实现规划中的装备发展目标。

具体的工程技术方法、优化方法、系统集成方法是实现装备发展必备的基础条件。在此基础上,采用系统理论方法优化协调控制装备的发展进程,使装备发展的进程得到全面推进,确保实现任务目标。

2.2 装备发展规划决策

装备发展规划决策可分为需求分析和发展论证两部分。装备发展规划决策的第一步是进行需求分析,以明确发展方向和目标,需求分析是装备发展决策的基础,一般以定性分析为主;第二步是进行发展论证,以明确发展程度,发展论证将定性分析与定量分析相结合,一般以定量分析为主。规划决策是装备发展战略层次的决策,对装备的发展建设具有根本性、决定性的影响,前期战略决策的失误无法用后期战术措施加以弥补和改进。

装备发展需求分析的目的是在发展趋势不明了的情况下,依据未来的作战需求,为装备的发展指明方向。装备发展需求分析所涉及的因素较多、范围较广,因此应采用系统方法从系统角度综合考虑。

装备发展论证分析的目的是在发展趋势明了的情况下,为装备的发展确定程度,即将表象化的作战需求转化为具体的、量化的装备体系构成和战术技术指标体系[4]。

"作战需求为牵引,技术进步为推动"是装备发展建设的根本原则之一,装备发展需求分析是作战需求的体现,装备发展论证分析则是技术进步的体现。因此,装备发展规划决策是在满足作战需求条件下,优化技术、经费、周期等因素。

装备的发展首先是由作战需求确定的,装备的适用性是由作战效果检验的。因此,装备的体系构建与战术技术指标的确定由作战需求牵引,是先进的军事理论与先进的科学技术在作战效果上的统一。

2.2.1 装备发展规划决策原则

装备发展规划决策的原则是依据国家的战略目标、军兵种的作战任务、技术与经济上的可行性等因素，确定装备发展的趋势和程度。装备发展规划决策所依据的主要原则有以下几点。

（1）服务国家战略。国家战略是装备发展应服从的最高原则。美国的国家战略是维持世界的秩序，充当"世界警察"，因此美国装备的发展目标就是"全球到达"。日本受"和平宪法"的制约不能发展核武器、远程打击武器等装备。瑞士限于其国家的不结盟政策和国土的狭小，其装备的发展以高性能防御型装备为主，某些装备的性能甚至位于世界最先进的水平，如速射高炮的"阿海德"弹药。

（2）服务军兵种战略。军兵种的战略是指导军兵种装备发展配套的基本原则。美军的作战指导思想是"在世界范围内，同时打赢两场局部战争"，美军除了在编制体制上适应此指导思想的原则，在装备的发展上也充分体现了快速到达的理念。针对美军未来的作战环境和反恐作战的需求，美国积极发展国家导弹防御系统和战区导弹防御（theatre missile defense，TMD）系统，同时终止了陆军"十字军战士"自行火炮和"科曼奇"直升机的发展计划。

（3）军事理论指导。军事理论创新是新军事革命的先导，是指导装备发展的导向标。新军事理论的出现将引发全新的作战理念和作战样式，从而对适应新的作战理念和作战样式的装备提出了新的需求。例如，"闪击战"作战理论的出现对坦克的发展，"外科手术"和"斩首作战"理论的出现对精确打击弹药的发展，防区外打击作战理论的出现对远程精确打击弹药的发展均起到了明显的导向和推动作用。

（4）作战需求牵引。作战需求是推动装备发展的动力，并且是牵引装备发展的原动力。作战样式决定装备形态，适应信息化作战环境的装备发展就必须全面考虑相应的信息化系统。战术弹道导弹的威胁引发了反导装备的发展，而反导作战对于预警信息的强烈需求，带动了空间预警系统的发展。作战需求牵引装备的发展是装备发展必须遵循的原则，"科曼奇"直升机发展计划终止的原因之一就是失去了相应的作战需求。

（5）技术上可行。科学技术水平是装备发展的重要前提条件，也是装备发展的重要推动和约束条件。科学技术上的突破通常会促使新型装备的出现，如原子裂变和聚变理论与技术的突破促使了核武器的出现；计算机理论和技术的成熟促使了信息化装备的出现。美国将"星球大战计划"变更为 NMD 和 TMD 计划的原因之一是遇到了许多技术上难以克服的困难。

（6）经济上可承受。国家经济实力是装备发展的物质基础，是装备发展的重要约束条件。随着装备性能的提高,其发展费用越来越高,因此要全面、大规模发展是不现实的,会对国民经济的发展起到阻碍和迟滞作用。在装备的发展上要"有所为,有所不为",满足需求,经济上可承受,并可将装备发展过程中出现的高新技术迅速推广至民用领域,达到双赢的目的。

(7) 体系配套。现代作战是体系之间的对抗,因此在装备的发展中应考虑体系配套的问题。体系配套原则是信息化条件下凸现的新的重要作战需求分析原则。某些装备,尤其是信息化装备在装备体系中起到了作战效果放大器的作用,如预警机、数据链、数据分发系统等信息化装备对作战的促进作用。通过信息化升级改造,可以以较少的投入提升现有装备的作战效能,这也是当前装备发展一个经济快捷的方式。

以上基本原则相互之间不是独立的,而是相互关联、相互制约的,依据以上原则进行需求分析实际上是一个多目标优化问题,并且是目标函数相互关联的多目标优化问题,这种优化问题很难进行准确、详细的量化描述,需要在综合集成的层次上进行系统、协调、全面的考虑。

2.2.2 装备发展规划决策理论方法

装备发展规划决策常用的理论方法如下。

(1) 定性研究。由于装备发展需求分析所涉及的因素较多、范围较广,许多因素难以量化,因此定性研究方法是进行需求分析最常用的方法之一。对战例的研究、演习结果的研究、专家的论证研究、文献资料的综合分析等均属于定性研究方法。

(2) 比较研究。比较研究是一种定性、定量相结合的方法,也可以呈现单纯定性方法的特性。比较研究包括历史发展比较、中外现状比较等内容。历史发展比较着重研究装备的发展历程,从中总结出规律,利用规律外推预测装备发展的趋势和程度,提出发展建议;中外现状比较着重对比研究国内外装备发展的现状,分析主要作战对手现有和发展中的装备可能构成的威胁,从中找出异同和针对敌手威胁存在的不足,依据现有条件提出装备发展趋势和程度的建议。

(3) 建模仿真研究。通过实战对装备进行作战效果评价具有准确性和权威性,但实战评估的可行性较差,通常采用建模仿真技术,构建在未来作战环境下和主要作战对手对抗的仿真平台,在多种作战想定和不同装备体系或装备指标的初始条件下进行仿真,在仿真结果统计分析的基础上给出量化的装备发展趋势和程度的建议。

(4) 基于作战效果的指标规划。基于作战效果的指标规划是在构造规划单元集(装备发展备选方案)的基础上,建立有效分析模型,在作战效果要求的约束下,对规划单元进行求解。通过对不同规划单元的求解,寻找有效规划单元,即在众多的备选方案中挑选出最优的方案,从而获得满足作战需求的优化指标体系。

一般情况下,初始构造的备选规划单元并不一定能满足最优的条件,在规划求解过程中要针对不满足目标函数的项目进行修改和调整,使规划单元向最优方向靠近。因此,实际的调整过程是一个循环迭代的过程,需经过反复多次的迭代调整方可达到寻找最优规划单元的目的。

2.3 装备发展组织实施

一旦装备发展的目标确定,并经详细论证证明性能上是先进的,技术上是可行的,经济上是可承受的,则下一步工作是如何组织实施,以最小的代价实现既定的装备发展规划。

2.3.1 装备发展组织实施原则

装备发展组织实施的原则用一句话概括就是以最小的资源消耗实现既定的装备发展目标。

在发展目标确定以后,实现发展目标的理论方法多数是系统管理方法,这些理论方法本身是从装备发展过程中产生的,并在装备的发展过程中得到了广泛的应用,取得了明显的效果[5]。

装备发展组织实施的主要原则有以下几点。

(1) 最小代价原则,即以最小的资源消耗实现既定的发展目标。以最小的资源消耗实现既定的发展目标实际上是一个决策问题,由于该决策问题所涉及的因素较多,决策目标也不是单一的量化目标。这类决策问题可采用多属性决策方法求解,求解的核心是对各备选方案进行评价后排定各备选方案的优劣次序,从中选优;这类决策问题可采用网络分析技术求解。

(2) 最佳性能原则,即在资源约束允许范围内完善并提高性能,实现性能的最大化。由于装备发展的周期较长,各种影响因素随时间的推移不断变化,加之先期考虑或认识不足,装备的某些性能参数不一定完全达到了最优状态或可实现状态。在装备的发展过程中,这些问题可能暴露出来,要在资源约束允许的范围内尽可能对这些不足进行改进和提高。

(3) 多方案原则,即对可能发生的变化有足够的方案准备,形成多套方案进行优选。在装备发展的过程中,经济约束和科技水平等制约因素可能发生有利的变化,这些变化对已有的规划会产生冲击;作战需求、经济约束、科技水平等制约因素也可能发生不利的变化,对这种变化也要做充分的考虑,并适当地考虑应对预案。

(4)适时改进原则。装备从立项到定型可能经历数年或数十年的时间，在装备发展和研制的过程中，可能随着科技的进步和关键技术的突破，经济约束和科技水平等制约因素可能发生有利的变化，这些变化对已有的规划会产生冲击。因此应在允许的范围内适当地修改装备发展规划和设计，使装备的发展与经济和科技的发展同步。即使对于已经定型的装备，也要留有改进升级的空间，根据作战需求和技术支撑进行相应的改进升级。例如，作战需求的变化使"科曼奇"直升机发展技术终止，虽然导致了经济损失，但"科曼奇"直升机研发中获得的一些高新技术在"阿帕奇"直升机的改进型中获得了应用。技术上难以克服的困难和冷战局面的消失使"星球大战计划"一再退缩，但"星球大战计划"早期发展的一些关键技术对 NMD 和 TMD 的发展起到了强有力的支撑作用。

2.3.2 装备发展组织实施理论方法

在装备发展组织实施阶段的指标分配、样机研制、定型样机研制、定型试验、生产定型、产品抽检等各子阶段，常用方法如下。

(1)项目管理理论与方法。项目管理是以项目为对象的系统管理方法，通过一个临时的、专门的柔性组织，对项目进行高效率的计划、组织、指导和控制，以实现项目全过程的动态管理，达到项目在时间、经费和技术上满足预定目标的目的。项目管理贯穿于项目的整个寿命周期。

项目管理的综合程度很高，其基本职能包括项目范围管理、时间管理、费用管理、质量管理、人力资源管理、沟通管理、风险管理、采购管理和集成管理等内容。

项目管理所采用的理论方法包括并行工程法、网络分析技术法、里程碑图法、类比估计法等。现代项目管理起源于国防工业，"阿波罗登月计划"为现代项目管理的形成做出了重大贡献。

(2)装备采办理论与方法。装备采办指军方为满足军事任务或保障军事任务的需要，对装备和其他系统、物品或劳务（包括建筑）进行的军事需求分析、方案探索、立项、设计、研制、试验、签订合同、生产、部署、后勤保障、改进和退役处理报废的过程。采办过程由科研（研究、发展、试验与鉴定），生产（或采购）和使用与保障三大部分组成。"采办"与"采购"有所不同，"采购"仅指商业上的选择购买，只是采办工作的一部分。

由于装备本身就是一个复杂的系统，因此装备采办具有很强的系统和全过程特性。要在装备性能、费用、时间和产业政策等约束条件下，达到多方利益的共赢，以最小的代价获得理想的装备，实际上是一个优化、决策、对策和博弈的过程，过程所涉及的系统理论与方法的范围相当广泛。

(3)质量管理理论与方法。质量管理理论与方法是一个综合性较高的系统方法，它是管理方法、数学方法和工程技术方法的结合。现行的质量管理体系标准、质量认证、质量成本管理、抽样理论与方法等均是有效的质量管理理论与方法。质量管理理论与方法的根本精髓是观念，通过有效的质量管理理论与方法将不合格项消除在出现以前。

（4）标准化管理理论与方法。系列化、通用化、组合化的"三化"要求是装备发展的必由之路，是装备发展的重要原则，而标准化管理则是达到"三化"要求的必备条件。标准化管理是一项系统性和综合性很高的工作。

（5）信息管理理论与方法。信息管理的实质是信息的收集和处理，并通过数据库系统或辅助决策系统提供服务。有效的信息管理对装备的发展具有十分明显的推进作用。信息管理的成果可为新装备的研制提供作战需求和装备使用信息，也可为装备的维修提供历史档案信息。

2.4 装备发展三维结构

从国内外装备发展的实践来看，在装备的发展过程中，最受军方关注的因素有三个，分别是性能、费用和时间。

（1）性能：技术性能、战术性能、可靠性能、维护性能、保障性能、可测试性能、可用性等；

（2）费用：研制费用、生产费用、采购费用、使用费用、维护费用、退役费用等；

（3）时间：规划决策、组织实施、使用管理等。

对于装备研制而言，性能是基础要求，必须完成；费用是限制条件，难以超越；时间是控制因素，优化掌握。时间因素还分为两个阶段，一是研制生产阶段要尽可能短，二是使用阶段尽可能长。

依据系统观念，对于性能的要求是满足需求、适用简便、适当超前；对于费用的要求是在满足性能、时间要求的条件下尽量少；对于时间的要求则是研制生产耗时少，部队使用寿命长。在性能、费用、时间三个因素中，性能和费用的调整范围和幅度较小，可控性较差，时间因素的可控性较大。性能、费用、时间三者之间的关系是一种相互影响、相互制约的关系。一般而言，其关系如下：

$$性能\uparrow \rightarrow 费用\uparrow$$

$$性能\uparrow \rightarrow 时间\uparrow$$

$$费用\downarrow \rightarrow 性能\downarrow$$

$$费用\downarrow \rightarrow 时间\uparrow$$

$$时间\downarrow \rightarrow 性能\downarrow$$

$$时间\downarrow \rightarrow 费用\uparrow$$

由于性能、费用、时间三者之间是互相影响、互相制约的关系，那么从系统角度考虑，就是要采用系统优化的方法，在相互矛盾、互相制约的三个因素之间寻求一个满意的折中解决方案。

对于装备发展而言，由性能、费用、时间三个主要影响因素可构成一个三维结构，这个三维结构可称为装备发展三维结构，如图 2-1 所示。该结构也可以认为是由性能、费用、时间三个主要影响因素构成的装备发展的状态空间。任何装备发展的综合状态都可以用这个三维结构状态空间中的一个点或一个函数来描述。

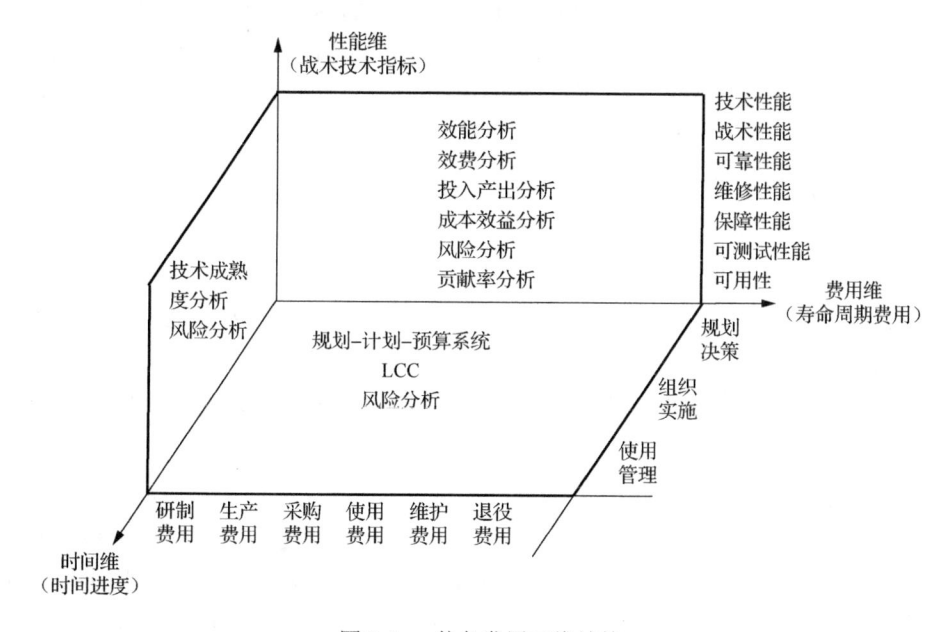

图 2-1 装备发展三维结构

装备发展三维结构由性能维、费用维和时间维组成。各因素维描述了装备发展中的具体参数要求，性能维描述了装备的战术技术指标，费用维描述了装备寿命周期费用的构成和历程，时间维描述了装备发展和使用的时间进度。

装备发展三维结构中的性能维、费用维和时间维三个因素维两两之间构成一个研究平面，分别为性能-费用平面、性能-时间平面、时间-费用平面。由于装备发展影响因素的复杂性和关联性，单独因素维的研究在实际中基本不存在，因此这些研究平面为装备发展的研究提供了最基本的研究领域。随着系统方法在装备发展领域的深入和应用，对于每一个研究平面上的问题，均有相应的研究方法，这些研究方法是进行装备发展研究的基本系统方法。

研究装备的发展就是在装备发展三维结构所构成的空间中，依据作战需求，在性能维度基本明确的基础上，从单维度出发，经历三个平面，进入三维空间；也就是说，先从装备发展的三个主要影响因素，即性能、费用和时间出发，经过性能-费用平面、性能-时间平面和时间-费用平面三个平面综合，最后进行三维状态空间中的综合集成。

2.4.1 性能维

性能维所描述的是装备的战术技术指标，随着装备发展系统观念的确立，装备的战术技术指标除了广泛关心的射程、命中精度、毁伤力、机动性等具体的战术技术指标，还包括可靠性、维修性、保障性、可测试性、安全性、生存能力、适应性等性能指标。对装备发展性能维研究的主要目的是如何采用适宜的工程技术手段实现装备的性能指标。

性能维所描述的是一个装备性能指标从低到高不断完善的渐进过程。装备的性能指标可以是单项指标，如射程、精度、威力、可靠性、维修性、保障性等；可以是综合指标，如效能、可用性等；也可以是依据研究需要，突出某一方面性能，采用综合评价方法定义的综合指标，如攻击能力、机动能力、防护能力等。

性能维所采用的研究方法一般为具体的工程技术方法，随着材料性能的提高，制造水平和工艺的改进，新器件的出现，新方法的应用，装备的性能越来越完善，越来越优越。

与一切事物的发展规律一样，在众多的战术技术指标中，某些指标是相互矛盾的，如射程与精度、可靠性与采购费用；某些指标是可以相互协调的，如精度与威力、维修性与保障性；某些指标则是可以相互促进的，如可靠性与保障性。

采用系统方法研究装备性能维的参数时，对于相互矛盾的指标，则在性能达到要求的条件下，寻求一个优化（以最经济、最简单、技术难度最小等目标作为优化的目标函数）的折中解决方案；对于相互协调的指标，则在约束条件限制下，对其同时进行优化，以达到性能、费用、时间的最优；对于相互促进的指标，则在约束条件限制下，尽可能地提高这些指标的显著程度。

因此，单独研究装备性能维的问题除了采用具体的技术方法提高装备的性能外，还要从系统的角度考虑，采用优化方法（如规划方法、多目标决策方法、综合评价方法等）进行参数的分配或规划，以最小的代价达到预期的目标。此外，还应通过综合集成的方法，使组合或分系统的单项性能参数在综合集成后，体现为系统整体的优异性能指标，充分体现总体大于部分之和的系统观念。对装备所进行的单项效能评估可视为对装备参数进行分配或规划的组成部分，通过效能评估可得到对装备性能参数进一步的认识，以及完善提高装备性能参数的方向性指示。对于装备发展性能维的研究，系统建模技术和系统仿真技术可视为是支撑各种分析的有效方法，构建系统的模型是进行系统仿真的前提，而系统仿真则是进行定量分析的必备手段。系统建模技术和系统仿真技术不仅对装备发展性能维的研究十分有效，而且对研究装备发展其他维度和平面，以及研究装备发展状态空间也是有效、必备的方法。

但实际上，真正独立地研究装备性能维的问题是不可能的，装备的性能总是与费用和时间等因素密不可分。有时为了研究方便，可以忽略一些次要的影响因素，或人为地冻结一些次要的影响因素，使研究的环境相对单纯。从这一角度看，预研（包括基础研究、探索性发展、先期技术发展等）项目在很大程度上可视为是在性能维上所进行的独立研究。

随着新技术、新器件、新工艺、新材料的不断出现，装备的性能越来越高，装备性能维参数的显著程度越来越高。因此可以认为，装备性能维参数的发展与技术进步具有最直接的关系。装备性能维参数在装备发展的进程中不断得到完善和提高，而在该进程中完善和提高性能参数除了技术进步因素外，管理因素也是必不可少的。产品质量的提高除了技术进步因素外，管理因素同样具有十分重要的作用。管理因素对于装备性能维参数的发展具有积极的推动作用。

2.4.2 时间维

装备发展的时间进程是装备发展中一个备受重视的因素。装备发展的时间维描述了装备发展的时间进程和逻辑步骤。从研究方法角度看，时间维还描述了在装备发展过程中各种研究方法使用的逻辑顺序，研究方法使用的逻辑顺序是与装备发展的逻辑步骤相互对应的。对装备发展时间维研究的目的是分析装备发展时间进程上工作的主要内容，选择适宜的控制参数和控制节点。

时间进程可划分为规划决策、组织实施、使用管理三个主要阶段，每个阶段又可进一步细分。

在装备发展的各因素中，时间因素是可调整性最大的因素。由于装备发展的性能参数是不能降低的，在其他条件允许的情况下可适当提高；费用限制是不能突破的，增加费用十分困难且程序较为复杂；采用系统方法优化调节装备发展过程主要是在优化分配性能、费用的条件下，控制时间因素，提前完成研制任务，优化延长使用时间。

装备发展的时间进程，即装备全寿命过程可分为研制生产的前半生和使用保障的后半生，对于前半生的时间期望是越短越好，对于后半生的时间期望则是越长越好。

装备全寿命过程，或称为寿命周期，是指装备从立项论证开始直到退役处理为止的整个过程。不同类型的装备，其全寿命过程的阶段随装备的性质、功能、复杂程度等的不同而有所不同。但一般而言，装备的寿命周期大致可分为论证、方案、工程研制、生产、部署、使用保障、退役处理等阶段，这些时间阶段也是装备时间进程上的逻辑步骤，如图 2-2 所示。

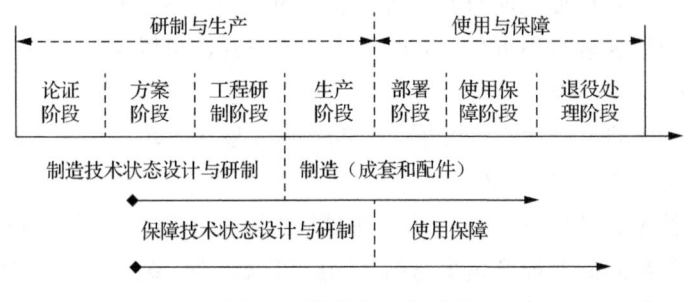

图 2-2　装备全寿命过程

论证阶段也称立项论证阶段，要求提出战术技术要求和论证技术经济可行性，探索各种备选方案。立项论证阶段的主要目标是确定发展方向，量化发展目标，采用的方法有层次分析法、Delphi 法、分类比较法、历史比较法等。方案阶段也称初步设计（预研）阶段，主要对备选方案进行分析、评价和确认，采用优化方法对目标进行分配，以最小的代价完成既定的目标。工程研制阶段也称详细设计及研制阶段，它包括详细工程设计、样机研制、保障诸要素研制、试验、评估、鉴定直到达到能批量生产的状态为止。生产阶段包括装备的制造、安装、调试、验收等项内容，这一阶段通常与部署阶段相互交叉。部署阶段包括装备的现场安装、调试、验收、人员培训、配备保障直至交付部队使用。如果是选购装备，则称为装备选型、购置、安装、调试阶段。

从装备立项论证开始到向部队交付最后一批生产装备的全过程称为装备的采办。装备采办的各个阶段，尤其是早期的论证阶段，对装备系统研制的成功与否关系重大。早期的努力将在后续阶段产生更大的效益，早期的决策将对装备系统的效能、费用和进度产生深远的影响。论证自身消耗的费用并不多，但对装备的寿命周期有着决定性的影响。论证自身实际消耗的费用仅占寿命周期费用的 3%，却能把 LCC 的 85%确定下来。

装备全寿命一般分为自然寿命、经济寿命和技术寿命。装备的自然寿命是指从装备使用时刻起至其自然报废所经历的时间；装备的经济寿命是指从装备使用时刻起至其年平均使用维护费用最低时刻所经历的时间；装备的技术寿命是指从装备使用时刻起至因其技术落后而被淘汰所延续的时间，它与技术发展的速度有关。随着技术发展更新速度的加快，装备的寿命周期越来越短，目前一般为5～10年。

装备发展时间进程的研究主要是从管理角度进行，并且直接受到费用和技术因素的制约。研究装备发展的时间维参数就是通过采用必要的系统方法，如网络分析技术，按系统单元内在的时间和空间联系，将物质、能量和信息有机地组织起来，在最短的时间内，以最少的消耗实现系统的目标，取得最大的效益。

与装备发展逻辑步骤相对应的研究方法如表2-1所示。

表2-1 与装备发展逻辑步骤相对应的研究方法

逻辑步骤	研究方法	目的
论证阶段	层次分析法、Delphi方法、效能评估、仿真方法、规划-计划-预算系统、风险分析、LCC分析等	获得装备发展体系概念、指标范围等 提出改进方向、方案选优、风险规避 实现全寿命周期最优
方案阶段	系统建模、效能评估 仿真方法、规划方法、规划-计划-预算系统 风险分析、LCC分析等	系统模拟、方案选优、指标改进完善 指标分配、风险规避 实现全寿命周期最优
工程研制阶段	网络分析、效能评估、仿真方法等	实现性能、费用、时间三者之间平衡优化、持续改进
生产阶段	网络分析、质量管理等	确保完成性能质量和时间进度目标
部署阶段	采购理论、规划方法等	优化部署、尽快形成战斗力
使用保障阶段	规划方法、LCC分析等	优化保障资源、实现全寿命周期最优

与装备发展逻辑步骤相对应的研究方法并不是在各阶段独立使用的，而是相互交叉、相互联系。同一方法可能在装备发展的若干阶段均会应用，这实际上是由装备发展各阶段相互交叉、相互联系的状态导致的。研究方法有技术方法与管理方法两种属性，这两种属性相互交叉、相互融合，很难明确区分。

2.4.3 费用维

费用往往是装备发展的重要制约因素。费用维描述装备费用的构成，装备发展的费用可分为研制、生产、采购、使用、维护、退役6个项目，这6个项目在装备发展的时间进程中先后出现。对装备发展费用维研究的主要目的是对装备发展费用进行优化和控制。

在装备的寿命周期中，研制阶段要投入研制费用，研制费用的投入可能是军方投入，也可能是工业部门投入；军队获得装备要支付采购费，在使用阶段，军队要支付使用费和维护费，退役处理还要支付后期处理费，采购费、使用费、维护费和后期处理费一般均由军方投入。所有这些费用合称为LCC。LCC是在装备研制初期就必须高度重视的参数，这是因为装备后期的费用大部分在装备研制前期就确定了。

一般情况下，研制费用占LCC的10%～15%；采购费用占LCC的30%～40%；使用维护费用占LCC的50%～60%。对于不同类型的装备，其具体的费用构成有所不同，美军主要装备类型全寿命周期成本统计如表2-2所示。

表2-2 美军主要装备类型全寿命周期成本统计 （单位：%）

费用类型	论证与研制费用	采购成本	使用与保障成本	其他费用
固定翼飞机	7	28	64	1
旋翼飞机	4	27	68	1
潜艇	5	53	42	0
空间系统	38	43	19	0
地面系统	3	32	65	0
水面舰艇	5	28	67	0
无人机	12	28	58	2
战术导弹	28	63	9	0
平均值	12.75	37.75	49	0.5

对装备发展费用维研究的目的，一是预测装备费用的量值和构成，这实际上是为装备发展费用维确定一个基准点；二是通过优化方法和管理方法对费用进行控制，以期获得最优的寿命周期费用，使装备达到较好的经济寿命。最好的装备淘汰模式是由于自然寿命的终结，最差的装备淘汰模式是由于经济寿命的终结。由于技术和材料的进步，要达到由于自然寿命终结而淘汰装备的目标相当困难，应通过优化方法和管理方法对费用进行有效控制，获得以技术寿命终结为标志的装备淘汰模式。

对装备发展费用维研究所采用的方法有效费分析法、投入产出分析法、网络分析法等，采用这些方法的目的是对费用进行有效控制和协调；同时，对于装备发展费用的估算方法也是对装备发展费用维研究的主要内容之一,研究估算方法的目的是较为准确地预测装备发展费用的大致范围。

2.4.4 性能-费用平面

装备发展三维结构中的性能-费用平面描述装备的性能和费用之间的关系。一般情况下,装备的性能与费用之间的关系最为紧密,高性能的装备必然与高昂的费用联系在一起。

在装备的研制阶段,较高的费用一般可以提供较高的性能;同样,在装备的使用维护阶段,较高的费用对于保持装备的性能和装备的有效使用也具有十分积极的作用。性能对费用的需求可以说是多多益善,但是资源是有限的。采用系统方法研究性能-费用平面问题的目的是在可能的费用范围内得到尽可能高的性能,或者在保证必需的性能要求得到满足的条件下尽可能减少对费用的需求。系统方法分析的实质是协调性能与费用之间的矛盾,以尽量小的投入获得尽可能大的收益。以可靠性为中心的维修分析(reliability centered maintenance analysis,RCMA)就是在性能-费用平面所进行的一种系统分析。以可靠性为中心的维修分析按照以最少的维修资源保持装备固有可靠性和安全性的原则,应用逻辑决断方法确定装备预防性维修的要求。它的核心思想就是在保持装备性能的条件下尽可能地减少费用。

因此可以认为,在装备发展三维结构中的性能-费用平面进行研究的目的就是少花钱多办事。

研究性能-费用平面上问题的方法有效能分析法、效费分析法、投入产出分析法、成本效益分析法、风险分析法、贡献率分析法等。

2.4.5 性能-时间平面

装备发展三维结构中的性能-时间平面描述装备的性能和时间之间的关系。性能和时间之间的关系可以分为三个阶段:第一个阶段是装备的研制阶段,在这一阶段内通过采用必要的管理方法和技术措施,尽量在较短的时间内在技术上取得进展,最大限度地提高装备的性能,并要充分考虑技术发展的趋势,使研制的装备在装备部队后能在一个较长的时间内保持技术上的先进性;第二个阶段是装备的生产阶段,在这一阶段内需通过采用严格的质量管理方法,优化改进工艺,确保生产出的装备的技术性能得到保证;第三个阶段是装备的使用维护阶段,在这一阶段内通过精心的维护,保持装备的技术性能,尽可能地延长装备在这一阶段的时间历程。

在装备发展三维结构中的性能-时间平面进行研究的目的是在研制阶段,提高性能,缩短时间;在生产阶段,保证性能,缩短时间;在使用维护阶段,保持性能,延长时间。

装备的改进和改型是装备发展的一个重要趋势,通过对现有装备的不断改进,不断提高装备的性能和不断延长装备的使用寿命,美国 B-52 轰炸机的发展就证明了这一点。因此,在装备发展三维结构中的性能-时间平面进行研究的另一个方面就是依据技术的发展,及时改进和提高已有装备的性能。

研究性能-时间平面上问题的方法有技术成熟度分析法、风险分析法等。

2.4.6 时间-费用平面

装备发展三维结构中的时间-费用平面描述装备发展时间历程中各阶段的费用情况。

在装备的寿命周期中,各阶段的费用具有不同的特色。研制阶段、生产阶段的费用和采购费用是一次性投入,而使用维护阶段的费用则是连续不断地投入。各阶段费用的特色不同,则相应采用的研究方法也略有不同。

研究费用与时间的关系必须考虑费用的时间因素,同样的费用在不同的时间段会体现出不同的意义。

研究费用与时间的关系时,很难脱离性能因素,只是可以将性能因素暂时冻结。应该说,在装备发展三维结构中,时间-费用平面是最难独立进行研究的平面。

研究时间-费用平面上问题的方法有规划-计划-预算系统（planning programming budgeting system,PPBS）、LCC 法、风险分析法等。

2.4.7 装备发展状态空间

由性能、费用、时间三个主要影响因素维构成的装备发展状态空间描述了装备发展的综合状态,以及装备整体性能。若从高一个层次考虑,则可认为装备发展状态空间描述了装备体系的综合性能。

装备发展状态空间所描述的装备发展的综合状态是各单维度坐标和双因素平面优化综合的结果。在此基础上,在装备发展状态空间还可进一步进行装备整体和装备体系的优化。

装备的整体优化是在单维度坐标和双因素平面优化综合的基础上进一步综合优化,是综合集成级的优化,这一层面的优化对低于此层面的单维度坐标和双因素平面的优化具有决定性的影响。因此，这一层面的优化应在方案论证的早期阶段，甚至是在概念阶段进行，以免造成不必要的损失。一般而言，装备的整体优化工作在性能维的优化中已解决，在整体综合状态下的优化应该是在改动不大、改动费用不高、改动时间符合要求的条件下方可进行。在装备发展过程中出现在整体综合状态下进行较大幅度优化的原因有三个：一是科学技术出现了突破性的进展或遇到了难以克服的困难，改变了装备形成的基础条件；二是作战需求出现了预计外的大幅度变化，改变了装备应用的外在环境；三是国家或军兵种的军事战略发生了重大调整，改变了装备研制的基本目的。以上情况的出现使得在装备发展的后期仍不得不对原有的发展计划进行较大幅度的调整，从而造成计划拖、费用涨的不良后果，在装备的发展过程中应尽量避免这种调整。避免这种调整的方法是加强预测能力，充分了解科学技术、作战需求、军事战略未来的发展趋势。

另外，随着科学技术的发展和作战需求的改变，利用现有技术对现有装备的改进、改型也可视为是在装备发展的整体综合状态下实施的进一步优化。现有装备的逐步改进、改型是装备发展过程中一个十分重要且效益较高的发展途径。苏-27后续系列飞机的发展就是充分利用苏-27平台特性好、具有较大发展潜力的特点，不断改进、改型，形成苏-30、苏-32、苏-33、苏-34、苏-35等一系列性能优越的作战飞机。

现代信息化战争中，装备之间的对抗是体系与体系间的对抗。装备体系的构成和优化是个应在更早时期、更高层面考虑的问题。体系优化所遇到的问题主要体现在如何对不同质、不同度的复杂结构进行统一性量化描述，如何描述和量化信息化的作用和影响，如何确认体系优化和效能评估的结果等方面。

2.5 装备发展研究理论方法体系

随着科学技术的进展，装备发展研究的方法不断涌现、不断更新，不断有其他领域的研究方法被引入装备发展研究领域，尤其是系统方法在装备发展研究领域的应用，对装备的发展起到了如虎添翼的作用。科学技术的最新成果总是在装备上最先获得应用，最新的研究方法总是在装备发展研究领域最先出现并获得有效应用。

系统方法最先出现在装备发展研究领域，随着研究的发展，这些方法不断改进、完善、提高，并获得广泛的应用，取得巨大的成效。对这些方法进行必要的梳理，使这些研究方法形成一个整体的概念，明确这些方法的使用范围，掌握这些方法的相互联系将对这些方法的进一步发展和应用十分有益。

装备发展研究系统方法体系可以采用空间描述和阶段描述两种方式。装备发展研究方法体系（空间描述）描述了各种系统理论方法在装备发展研究状态空间中的应用和关联状况，如图2-3所示。

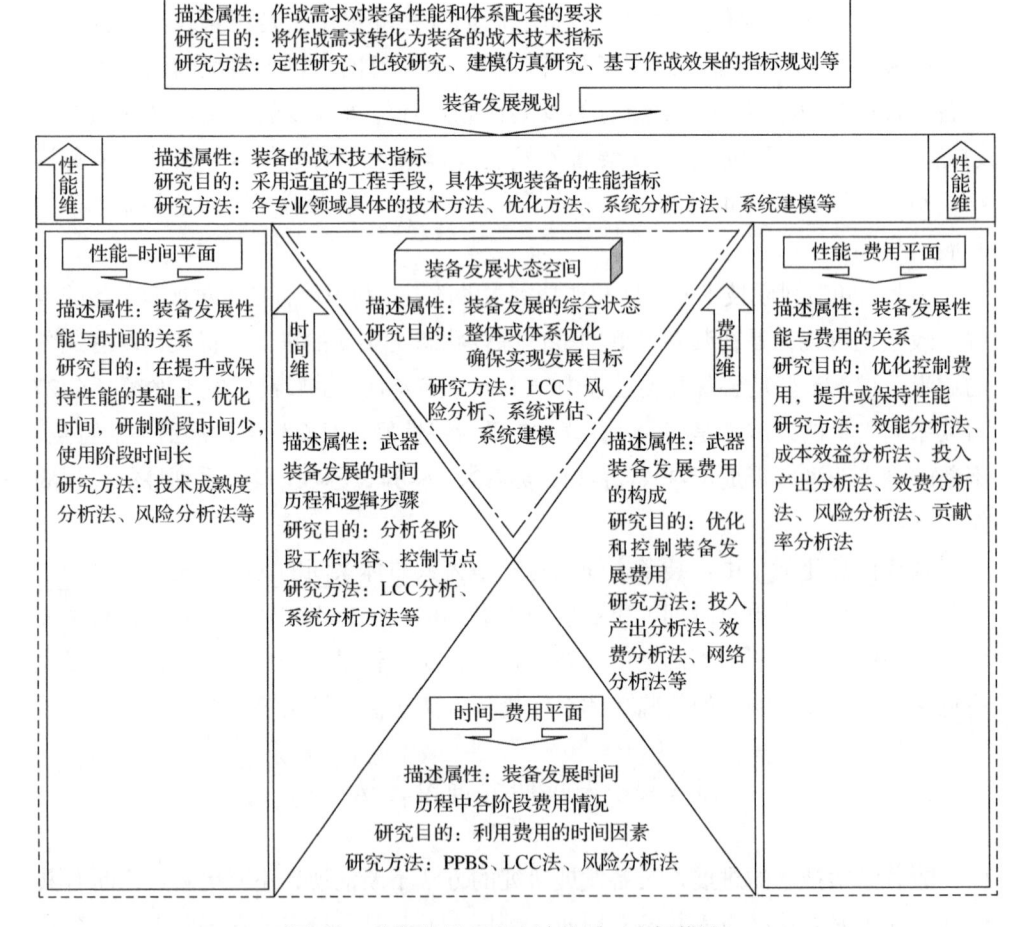

图2-3 装备发展研究方法体系（空间描述）

装备发展研究方法体系（阶段描述）描述了各种系统理论方法在装备发展时间历程中的应用、关联和顺序状况，如图2-4所示。

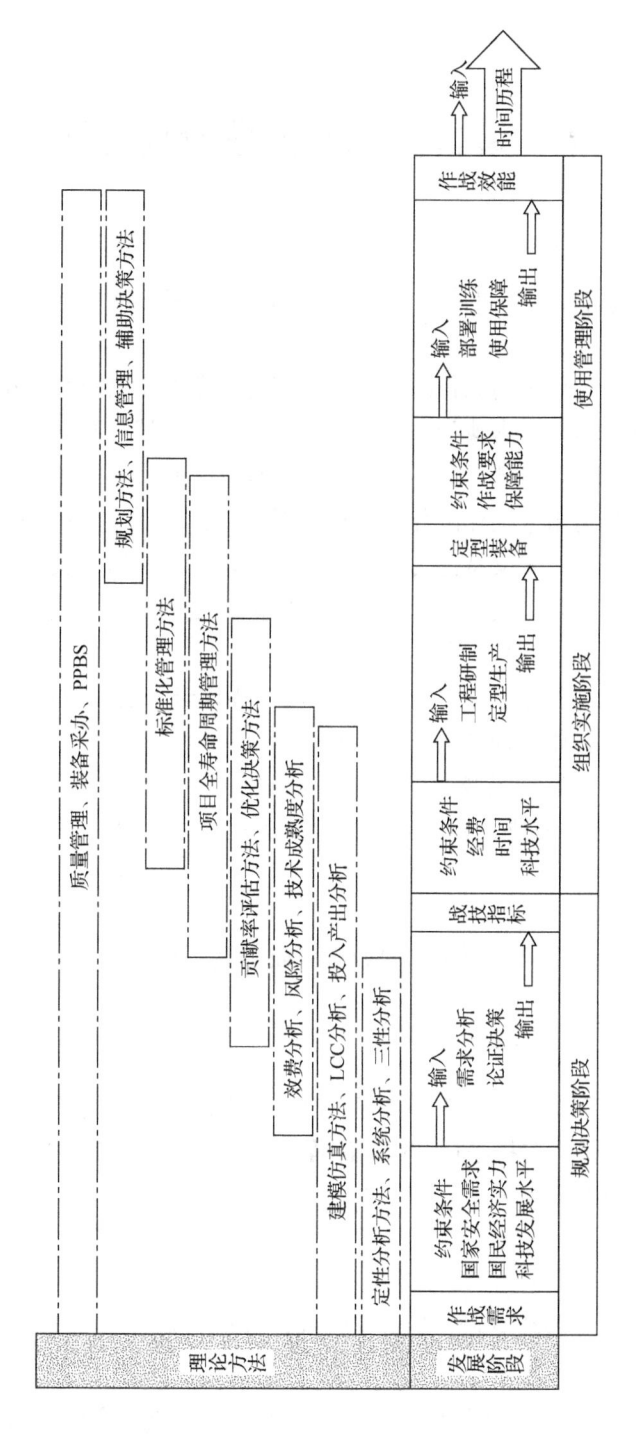

第 2 章　装备发展系统分析方法体系

图 2-4　装备发展研究方法体系（阶段描述）

第 3 章　装备概念研究理论与方法

《现代汉语词典》(第 7 版)中对"概念"的定义是指思维的基本形式之一,反映客观事物的一般的、本质的特征。装备概念包括装备作战概念和装备系统概念两个层次的内容。

装备作战概念可简单表述为作战人员使用概念装备在未来执行典型作战任务时,对其作战对抗细节构想和典型能力指标期望的一种描述。装备作战概念是装备发展和军事应用的顶层设计,装备作战概念设计涉及众多不确定因素,构建时需要重点考虑空军装备未来的作战任务、作战对手、作战对手的作战能力、战场环境、体系支持能力、技术支持能力、联合作战需求、经济可承受能力等众多因素的发展变化以及各因素之间的影响关系,这些因素之间的相互作用和耦合关系复杂,并呈现高度的非线性特征[6-7]。

装备系统概念在装备作战概念研究的基础上,描述未来装备的基本技术原理、主要作战能力特性和初始物理结构。

装备作战概念与装备系统概念是两个相互依托、相互影响、相互反馈、相互修正、交叉渗透的研究领域。装备作战概念研究是牵引,装备系统概念研究是支撑。

3.1　装备作战概念设计方法

3.1.1　装备作战概念设计要素

装备作战概念可以通过设计新型装备的作战背景、作战任务、作战对象、作战区域、任务实体、体系支持条件、作战流程、应用时机和程度、任务可替代性、应用制约条件、概念特点,对装备有一个相对清晰的图像认识,应用过程中可适应性裁剪[8]。

1) 作战背景

作战背景是装备作战概念设计的源头输入,需要明确作战时间、地点、对象、手段、目的等装备作战概念设计的基本要素。作战背景分析要在国家的战略方针、军队的使命任务、主要作战方向和对手等一系列顶层理论的牵引下进行。此外,作战背景分析还要紧密结合敌我装备体系和作战体系的架构,以及作战使用流程和指挥控制流程进行。同时，充分考虑敌我双方装备的技术战术性能、作战使用原则、作战使用特点。

2）作战任务

作战任务是设计装备作战概念的基本输入，是装备作战概念研究的起点。作战任务是由国家赋予军队的使命任务所确定的。作战任务分析需要明确作战的对象、作战所要达成的目标、作战的基本过程等要素。

3）作战对象

作战对象分析要深入进行，一般需要单独形成研究报告。作战对象分析需要逐步渐进，反复迭代，随着资料的掌握和分析认识的深化而不断完善。

4）作战区域

作战区域包括地理、气象、水文、社会环境等诸多内容。作战区域分析是明确和描述任务剖面的重要内容。

5）任务实体

参加作战任务的实体装备是装备作战概念设计的主要要素。任务实体分析内容包括实体装备的技战术性能、作战使用方式、体系支持条件、规模结构、平时与作战部署、机动部署能力、持续能力等诸多内容。在体系作战条件下，还需分析作战网络、实体装备的作战分工、信息交互、协同/联合作战准则等内容。

6）体系支持条件

体系支持条件的分析可单独进行，也可融入任务实体分析、作战对象分析中进行。一般情况下，建议对体系支持条件进行综合分析，独立提出分析结果，有利于对装备和作战体系建设提出相应明晰的需求。

7）作战流程

作战流程分析是装备作战概念设计的关键内容，是一个逐步渐进、反复迭代的分析过程，需要逐步从装备在作战过程中的时间进程、空间分布的时空分布层面进展到装备在作战过程中的信号交互的逻辑流程层面。在装备作战概念设计过程中，要充分理解和把握作战流程，分析这种逐步渐进的特点。

8）应用时机和程度

应用时机和程度要结合作战背景、作战任务和作战要达成的目的等内容的分析展开。装备作战概念设计是设计战争的组成部分，作战的目的是达成国家的利益诉求。达成国家利益诉求的手段很多，在军事活动领域有威慑和战争两种主要形式。军事对抗的要旨，是通过适当的摧毁实现利益诉求，而不是利用全面摧毁达成无欲无求。因此，装备作战概念的应用时机和程度十分重要，要本着作战效果最大化、有效掌控战局、最经济达成作战目标的思路提出装备作战概念的应用时机和程度。

9）任务可替代性

任务可替代性分析是装备作战概念有效性成立的重要分析内容。若存在其他更为经济、更为简易、更为适用的装备平台或作战使用方法，则所设计装备作战概念的有效性、适用性就会存疑。对于实施某种作战任务，首先应考虑的是非装备解决方法，即通过政治、外交、经济等手段解决争端；其次是考虑用现有手段和装备解决问题，通过条令、战术、指挥等非装备方式的调整、改革提升现有装备的作战能力，或对现有装备进行升级改造提升其作战能力；最后才是发展新型装备应对问题。

10）应用制约条件

应用制约条件分析是验证所设计的装备作战概念可行性、适用性的重要分析内容。一方面，若存在某些难以克服的制约条件，则所设计装备作战概念的可行性、适用性就会存疑；另一方面，应用制约条件分析也是对装备或体系发展建设提出改进意见的分析内容。此外，应用制约条件分析也对应用时机和程度分析提供应用制约条件参照。

11）概念特点

概念特点在装备作战概念设计过程中是可以剪裁的，但建议设计者要有所考虑。设计装备作战概念的目的是牵引装备发展，明晰装备发展的需求。因此，对所设计的装备作战概念特点分析得越透彻，则对所设计装备作战概念内涵的理解就越深厚，提出的装备发展需求就越落地。

3.1.2 装备作战概念设计框架

为规范装备作战概念的设计流程和方法，作者提出了装备作战概念设计的"四环三层"基本框架。

1. 闭环设计总体架构

四环：装备作战概念的设计需要做到四个闭环，即与任务闭环、与敌方闭环、与己方体系闭环、与敌方体系闭环，具体过程如图3-1所示。

装备作战概念描述至少需要把三个问题描述清楚，即我方装备如何作战、敌方装备如何对抗和敌我双方如何交互，敌我双方在作战时不是以一个单一的武器在作战对抗，实际上是以一个强大的、完善的作战体系在对抗。因此，装备作战概念的设计需要做到四个闭环[9]。

Ⅰ环：与任务闭环。主要描述我方装备依靠自身能力完成特定作战任务的作战环节和要素，以及沿时间轴的资源分布与作战行动。我方装备自身与目标一起构成一个准静态的作战任务闭环。与任务闭环的描述实际上就是任务剖面。

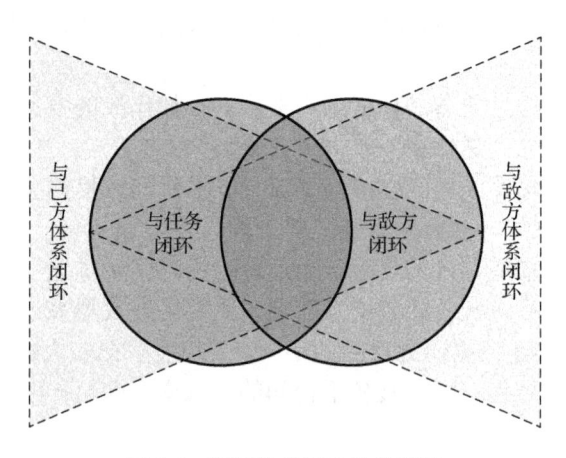

图 3-1 四环作战概念描述框架

Ⅱ环：与敌方闭环。在Ⅰ环描述的基础上，进一步叠加敌方装备依靠自身能力与我方对抗的作战环节和要素，我方装备与敌方装备构成交互对抗闭环。

Ⅲ环：与己方体系闭环。在Ⅱ环描述的基础上，叠加我方装备在我方体系支持下完成作战任务的作战环节和要素，我方装备与支持体系构成一个体系作战闭环。

Ⅳ环：与敌方体系闭环。在Ⅲ环描述的基础上，进一步叠加敌方装备在其体系支持下与我方对抗的作战环节和要素，敌方装备与其支持体系构成一个体系作战闭环，并与我方装备和体系构成体系对抗交互闭环。

2. 分层设计总体架构

三层：装备作战概念应分层次描述，即作战组织架构层、作战活动流程层、作战行为逻辑层，具体过程如图 3-2 所示。

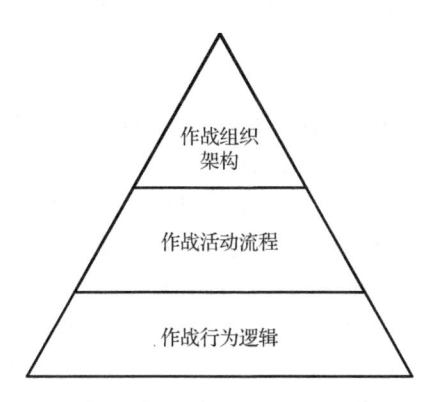

图 3-2 装备作战概念设计方法——三层的具体过程

在"四环"设计架构下，装备作战概念应分层次描述，不同的阶段对应不同的描述层次。

第一层应主要描述装备的作战组织架构。参加作战的要素有哪些，主要回答装备的装备作战概念"是什么"。

第二层应主要描述装备的作战活动流程。沿时间轴描述装备的作战流程，主要回答装备"如何做"，实际上就是任务剖面。

第三层应主要描述装备的作战行为逻辑。沿时间轴描述在作战空间中装备的资源分布，以及与敌、我装备的交互关系，主要回答武器系统作战的效果"怎么样"。这一层面的描述依据研究目的的不同，其粒度可在较大范围内变化，粗糙的描述只描述对外信号包络，即装备平台间的信息交互即可；细致的描述则要达到装备平台间的信号交互。

3.1.3 装备作战概念描述基本方法

目前应用于装备作战概念描述的方法主要有集成计算机辅助制造定义（ICAM definition，IDEF）建模方法、统一建模语言（unified modeling language，UML）建模方法等[10-11]。

1. IDEF 建模方法

IDEF 建模方法是面向结构的分析方法，侧重从军事角度描述系统的功能结构和信息流，包括 IDEF0、IDEF1X、IDEF2、IDEF3、IDEF4 和 IDEF5 等。其中，IDEF0 功能模型和 IDEF1X 信息模型用于描述现有的和将来的信息管理需求；IDEF2 系统动态模型和 IDEF4 面向对象的设计是支持系统设计需求的方法；IDEF3 过程描述方法和 IDEF5 本体论方法用于捕捉现实世界信息以及人、事物等之间的关系。装备作战概念建模常用的是 IDEF0、IDEF1X 和 IDEF3，因其能够较直观地反映军事人员对装备作战过程的理解和完成拦截任务的基本需求，以及系统的活动及组成。

1) IDEF0 功能建模

IDEF0 功能建模用于描述系统功能，能详细刻画系统功能细节和结构层次关系，它集中了功能分解和数据流方法的优点，可同时表达系统的活动和信息流，以及它们之间关系。建立装备作战概念的 IDEF0 功能模型的过程，是以顶层描述系统需求为始，以详细描述系统功能为终，按照由上至下、逐层分解原则，最终得到装备系统功能全貌描述的过程。IDEF0 基本模型如图 3-3 所示。

IDEF0 的基本模型是活动，代表系统所要执行的功能，活动通过"输入""控制""输出"和"机制"进行功能描述。"输入"是通过功能活动处理或转换的信息；"控制"是影响或支配功能活动的事物；"输出"是活动对输入的处理结果；"机制"是活动执行功能所需要的资源，说明执行活动的事物。

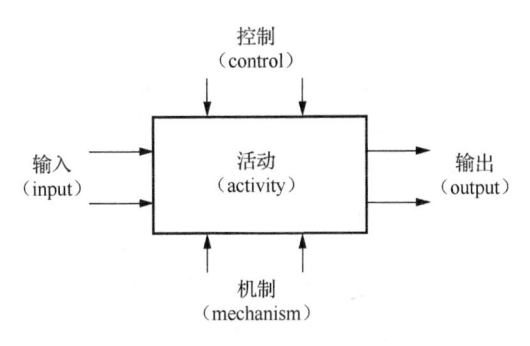

图 3-3　IDEF0 基本模型

2）IDEF1X 数据建模

功能模型只从功能组织的角度描述了系统的结构，要描述系统的数据和信息流程，还要用 IDEF1X 数据建模建立装备作战的数据模型。IDEF1X 是在 IDEF1 信息建模的基础上进行的扩展，用于建立系统数据模型。IDEF1X 的建模元素包括实体、关系和属性。

3）IDEF3 过程建模

IDEF3 过程描述获取是目前应用较为广泛的一种结构化、图形化的过程建模方法。IDEF3 主要有两种描述视图：以过程为中心的过程流图（IDEF3 PFN 图）——通过使用过程流网作为获取、管理和显示以过程为中心的知识的主要工具；以对象为中心的对象状态转移网图（IDEF3 OSTN 图）——通过使用对象状态转移网作为获取、管理和显示以对象为中心的知识的基本工具。

2. UML 建模方法

UML 是一种可视化建模语言，包括用例图、行为图（状态图、活动图）、交互图（时序图、协作图）、静态图（类图、对象图、包图）和实现图（组件图、配置图）。其中，用例图从系统外部操作者的角度描述系统的功能，为需求分析提供标准化手段；状态图描述类的对象所有可能的状态，以及事件发生时状态的转移条件；活动图描述满足用例要求所要进行的活动，以及活动间的约束关系，有利于识别并行活动；时序图显示对象之间的动态合作关系，强调对象之间消息发送的顺序，同时显示对象之间的交互；类图描述系统中类的静态结构，不仅定义系统中的类，表示类之间的联系，还包括类的内部结构（属性和操作）。

UML 建模体现了面向对象的设计思想，贯穿于系统开发的需求分析、设计、构造和测试等各个阶段，从而使得系统的开发标准化，同时具有很强的扩充性。UML 的各类视图可从不同侧面反映系统的结构、行为和功能，但并非每个 UML 模型都必须包括所有的视图。本书只介绍应用用例图、类图、时序图、活动图四种视图从静态建模"做什么"到动态建模"怎么做"，来建立装备作战概念的 UML 模型。

1）系统用例分析

用例分析是系统设计的基础，它可以较好地从宏观上把握装备作战行为空间的体系需求，是确定装备系统范围和模型粒度等因素的前提条件。用例图从用户角度描述系统功能，是用户所能观察到的系统功能的模型图，用例是系统中的一个功能单元。UML 用例图建模元素包括系统、用例、参与者、用例关系和参与者关系；IDEF0 功能模型的建模元素包括功能盒子、ICOM 码、箭头和节点号等。IDEF0 功能模型和 UML 用例图之间的映射关系如表 3-1 所示。通过表中的映射关系，可以根据 IDEF0 功能模型建立 UML 模型的用例图。

表 3-1　IDEF0 功能模型和 UML 用例图之间的映射关系

IDEF0 建模元素	UML 用例图建模元素	对应的装备用例图建模元素
顶层图功能	系统	装备系统
一个功能盒子	一个用例	装备系统的作战活动
ICOM 码中机制码中的人员类别	参与者	体系中其他支持装备
各功能活动的交集	扩展和包含的用例关系	根据语义识别为何种用例关系
M 码中人员类别的泛化关系	参与者关系	—

2）系统静态结构

装备系统的静态结构可由类图和对象图进行描述。装备的 UML 类图与 IDEF1X 信息模型相似。UML 类图用于描述装备系统的静态组成结构，以反映类的结构（属性、操作）以及类之间的关系为主要目的，建模元素包括类、属性、操作和关系等；IDEF1X 信息模型建模元素包括实体、属性和联系等。

UML 对象图是类图的实例，使用与类图几乎完全相同的标识。它们的不同点在于对象图显示类的多个对象实例，而不是实际的类。

3）实体动作与任务分析

装备系统的实体动作与任务分析可用 UML 状态图和活动图进行描述，具体描述方法如下。

状态图是一个类对象所可能经历的所有历程的模型图，UML 状态图描述实体所有可能的状态以及由状态改变而导致的转移。活动图是状态图的一个变体，用来描述满足用例要求所要进行的活动以及活动间的约束关系。各类实体都有其独有的任务，在作战过程中表现出其具体的作战行为。

在活动图建模过程中为每个作战实体分配一个泳道，每个泳道描述实体对应的作战活动，作战活动间用有向箭头连接表示执行任务的先后顺序。

4）实体交互分析

装备作战实体的交互关系可用 UML 中的时序图描述。时序图用来显示装备作战对象之间的动态合作关系，它强调各作战对象间消息发送的顺序，同时显示作战对象之间的交互。时序图的一个重要用途是用来表示用例中的行为顺序，当执行一个用例行为时，时序图中的每条消息对应一个类操作或引起状态转换的触发事件。

3. IDEF 与 UML 结合建模方法

要对复杂装备系统进行概念建模，单纯采用 IDEF 方法或 UML 方法都不能简洁、清晰地表达系统中的各种关系。可结合 IDEF 方法和 UML 方法的优势进行装备作战概念建模，将 IDEF 方法作为系统建模的前端，UML 方法作为系统建模的后端，具体方法如下：

（1）在需求分析阶段。首先，采用 IDEF0 建立装备作战的功能模型，再采用 IDEF3 和 IDEF1X 协同建立过程模型和信息模型，同时使三个模型语义关联，要求相同事物（如设备、人员、行为等）的概念及描述一致。

（2）在系统设计阶段。首先，通过 IDEF 模型和 UML 模型之间的映射规则转换得到 UML 的用例图，再依次建立装备作战的活动图、时序图、协作图、状态图、类图等。

（3）在编码实现阶段。用 IDEF1X 数据模型指导数据库设计，并选择合适的编程语言将系统设计的结果模型实现。从而完成系统从需求分析、功能设计、数据设计直至软件实现的整个过程。

本书研究装备作战概念描述问题，只进行需求分析和系统设计阶段的建模。IDEF 模型和 UML 模型相结合的系统建模方法及映射关系如图 3-4 所示。

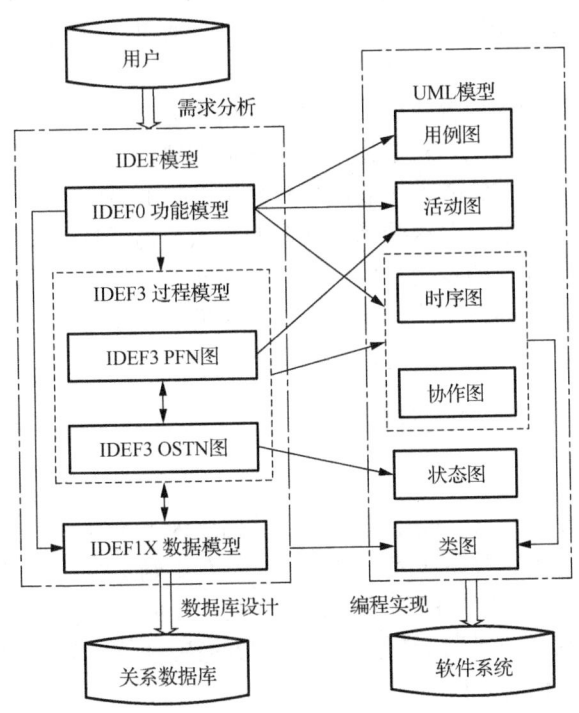

图 3-4 IDEF 模型和 UML 模型相结合的系统建模方法及映射关系

3.2 装备作战概念评估方法

3.2.1 装备作战概念评估难点

装备作战概念评估主要评估作战概念设计的科学性、合理性和高效性。依据作战概念设计方法，作战概念评估应重点关注设计作战概念的作战过程与逻辑描述的合理性，作战概念本身就存在以下不确定因素：

一是装备形态不固化，装备技术发展的不确定性，导致装备技术状态存在可变，武器系统的典型战技术指标不清晰，多数情况下典型战技术指标只有一个非常模糊的范围预期，难以用较精细的仿真来进行评估。

二是装备体系难以固化，作战概念描述聚焦于10年后的装备，因此未来装备体系受到作战理论、作战思想等众多因素的影响。未来装备体系难以固化，导致典型装备与装备体系关系之间的关联关系存在不确定性，使得装备与装备体系之间的关系描述难以精确化，增加了装备作战概念评估的复杂性。

三是作战体系要素不完备，未来装备体系的不确定性，在很大程度上决定了未来作战体系的不确定性。特别是对作战对手未来10年后的作战体系未知，增加了在装备概念模型设计过程中闭环的难度，导致未来作战指挥流程、作战信息交互等存在众多选择，相应增加了作战概念评估的难度，降低了作战概念评估结论的可信度。

这些不确定因素的耦合作用，导致作战概念评估存在极大的困难。当前，无论是理论上，还是方法上，对于作战概念评估都缺乏有效的理论方法借鉴。作战概念评估理论与方法探索成为作战概念研究领域的重要问题。

针对作战概念评估存在这些难以回避的难点，为了有效开展装备作战概念评估，经过反复的研究，初步确立以典型任务和典型场景为基础，以作战资源和作战时间为主要约束，构建作战评估准则、评估模型，通过典型约束条件赋值的方式进行仿真评估，对典型方案进行对比和优选。

3.2.2 基于时间-资源约束的评估方法

装备作战概念研究的结果是给出具有一定作战规律的作战方案，形成典型作战场景下的作战概念集合。装备作战概念是描述未来不确定环境下的作战方案选择和优化集合，因此，装备作战概念本身就具有不确定性，而装备作战概念评估是要对本身就具有不确定性的作战概念方案进行评估，双重不确定性因素的耦合，会带来更大的不确定性[12]。这是作战概念自身的特点所决定的，是不可避免的，也是装备作战概念评估难点所在。

作战对抗过程实际上是时间与资源的优化过程，时间和资源可以看作两个相互关联的影响参数，共同决定作战效果。本书将针对装备作战概念评估准则、评估指标、评估模型等开展全面研究，解决装备作战概念"无依据""无指标""无法评"等问题，引入时间约束和资源约束，基于装备作战概念模型，应用网络图方法建立装备作战概念评估模型，为装备作战概念研究提供验证手段。

作战对抗过程是作战双方在有限的时间内优化作战资源的过程，或者在有限的资源条件下优化利用时间的过程。因此，装备作战概念评估可以依据时间约束和资源约束两条主线进行。

1. 时间约束准则

时间约束准则是指在作战对抗时间确定的情况下，优化配置作战资源，以达到最佳的作战效果。

时间约束包括两种情况：一是对抗时间明确，即作战对手的作战行动时间相对明确，或依据作战对手的作战行动显现；二是对抗时间不明确，即作战对手发动作战行动的时间具有隐蔽性、突发性，作战对手作战行动的作战时间完全依赖于己方作战系统的感知来确定。例如，对于弹道导弹防御，时间约束准则通常可以认为遵循时间不确定性，即作战对抗的开始时间不确定性。但对于一次固定弹道导弹攻击而言，作战时间又是相对固定的，即弹道导弹攻击目标确定后，其总的攻击时间是相对确定的。

在相对固定的作战时间内，如何有效地调配资源，以确保在有利的情况下对敌作战，将成为衡量各种装备作战概念优劣的基本依据。在时间约束准则下，往往涉及多资源的调配与优化，属于多因素的优化问题。

以反导装备系统为例，时间约束如图 3-5 所示。

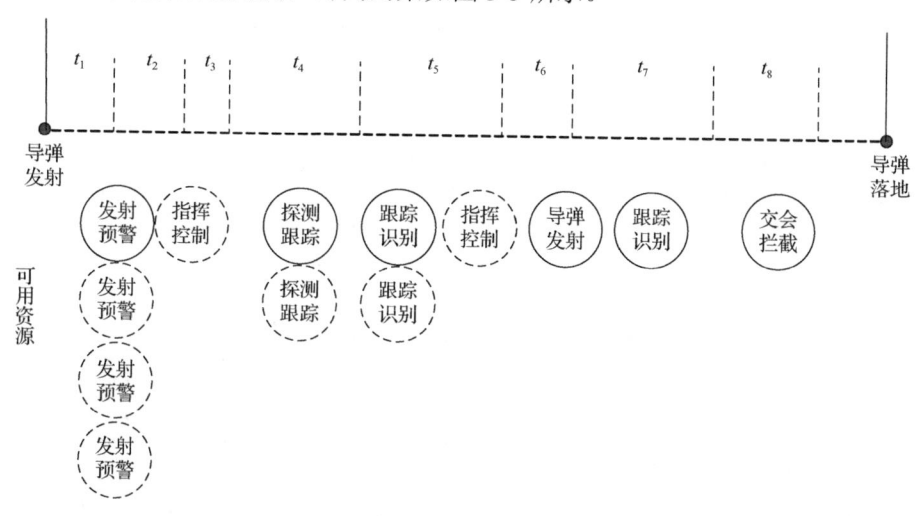

图 3-5 反导装备系统的时间约束示意图

时间约束准则更多的是面向当前或今后短时间内,装备体系和作战资源要素相对固化的条件下,通过优化和改进各典型作战资源要素的工作流程、效率等提升完成相关作战任务的工作周期,进而压缩整个作战过程的工作时间,优化作战概念实施过程,提升装备作战能力和效率。

2. 资源约束准则

资源约束准则是指在作战资源一定的情况下,调配和优化资源利用时间,实现装备系统的作战效果最优化。

装备系统要优化每一个作战活动的利用时间和任务完成时间,对于完成同一作战任务的不同作战节点,对应不同的作战完成时间[12]。以反导装备作战为例,资源约束如图 3-6 所示。

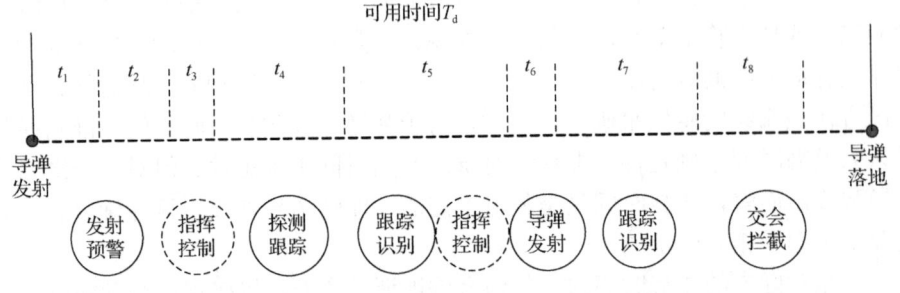

图 3-6 反导装备作战的资源约束示意图

对于具体任务而言,其时间 t_i 是在一定容忍范围内可变的,优化的最终目的就是在多个不同作战节点之间进行选择和权衡,选择完成特定作战任务的最佳方式,以最有效方式利用有限的时间。在实际的作战过程中,如果某一作战活动在容忍的时间内无法完成,即 t_i 超出容忍极限,将使后续作战活动在各自极限能力下也无法有效完成,从而最终导致总的作战时间超时,使反导拦截作战任务失败。

在实际的作战对抗中,面临的问题将是时间和作战资源同步变化的情况。因此将出现时间-资源耦合作用的情况,即时间-资源约束条件下,需要同步对作战资源及各作战资源任务时间进行优化和调整,分析对作战效果的最终影响。

不同约束条件下的优化策略如表 3-2 所示。

表 3-2 不同约束条件下的优化策略

准则	相对固化量	优化策略与优化量
时间约束	时间相对固定	优化作战资源
资源约束	作战资源相对固定	优化作战资源任务时间
时间-资源约束	无相对固化量	同时优化作战资源和任务时间

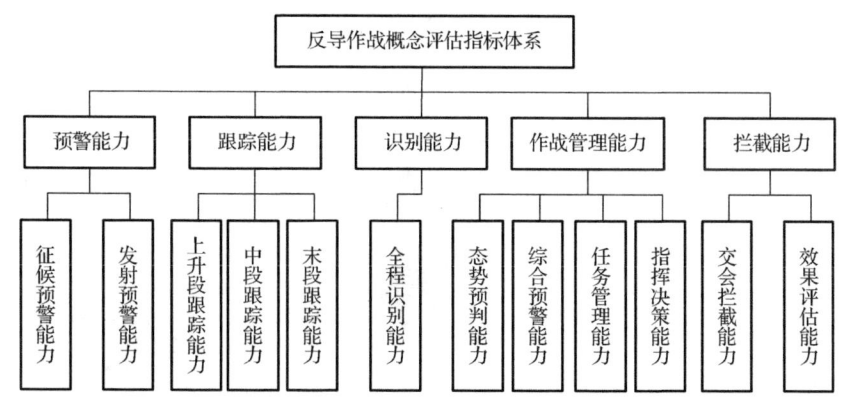

3.2.3 作战概念评估指标体系

评估指标体系是作战概念评估的基本依据，作战概念评估需要针对评估的目标构建相应的评估指标体系。概念评估与传统性能评估不同，虽然都需要构建评估指标体系，但评估指标的关注粒度具有较大的差异[13]。对于传统性能指标体系，各项性能指标应尽可能的准确化，因此在构建指标体系时，应尽可能对各项指标进行细化分解，甚至分解至具有明确物理项的具体指标，其目的是确保指标数据的准确，为评估结果的可信度提供保证。对于面向未来装备设计的典型作战概念评估，评估指标体系只能依据评估的目的、评估的准则来构建评估指标，且评估指标的粒度难以详细化，使得评估的难度增大，而评估结果的可信度降低。对于不同领域装备作战概念的评估，需要基于作战概念评估准则来构建不同准则下的评估指标。下面以资源约束条件下的典型反导作战概念评估指标体系构建为例，简要分析作战概念评估指标体系的构建方法。

基于资源约束准则，在作战体系作战资源有限的条件下，反导作战评估指标可以分解为预警能力项、跟踪能力项、识别能力项、作战管理能力项、拦截能力项。预警能力项可以分解为征候预警能力项和发射预警能力项；跟踪能力项可以分解为上升段跟踪能力项、中段跟踪能力项、末段跟踪能力项；作战管理能力项可以分解为态势预判能力项、综合预警能力项、任务管理能力项、指挥决策能力项；拦截能力项可以分解为交会拦截能力项和效果评估能力项。由于受作战体系作战资源的限制，每个节点对应着1~2项作战资源，指标体系进行二次分解较为适宜。上述能力项的衡量指标主要考虑以完成任务的时间来进行取值。典型反导作战概念评估指标体系如图 3-7 所示。

图 3-7 典型反导作战概念评估指标体系

3.2.4 作战概念评估模型构建

反导是典型的体系化作战，预警探测装备、跟踪制导装备、指挥控制装备、火力拦截装备等呈现立体、分布、大区域部署状态，利用高效的作战指挥控制与通信网络是确保反导作战活动顺利实施的基本要求，网络化指挥控制、网络化预警探测、网络化跟踪识别是反导作战的典型模式。基于反导作战网络化这一显著特点，在众多可选评估方法中，网络图技术与其他方法相比具有较大的优势，探索应用网络图技术构建反导作战概念评估模型是一种可行的选择。

基于反导作战概念模型设计和约束准则，应用网络图技术构建不同约束条件下典型反导作战概念的网络图模型。基于网络图的反导作战概念评估模型如图 3-8 所示。

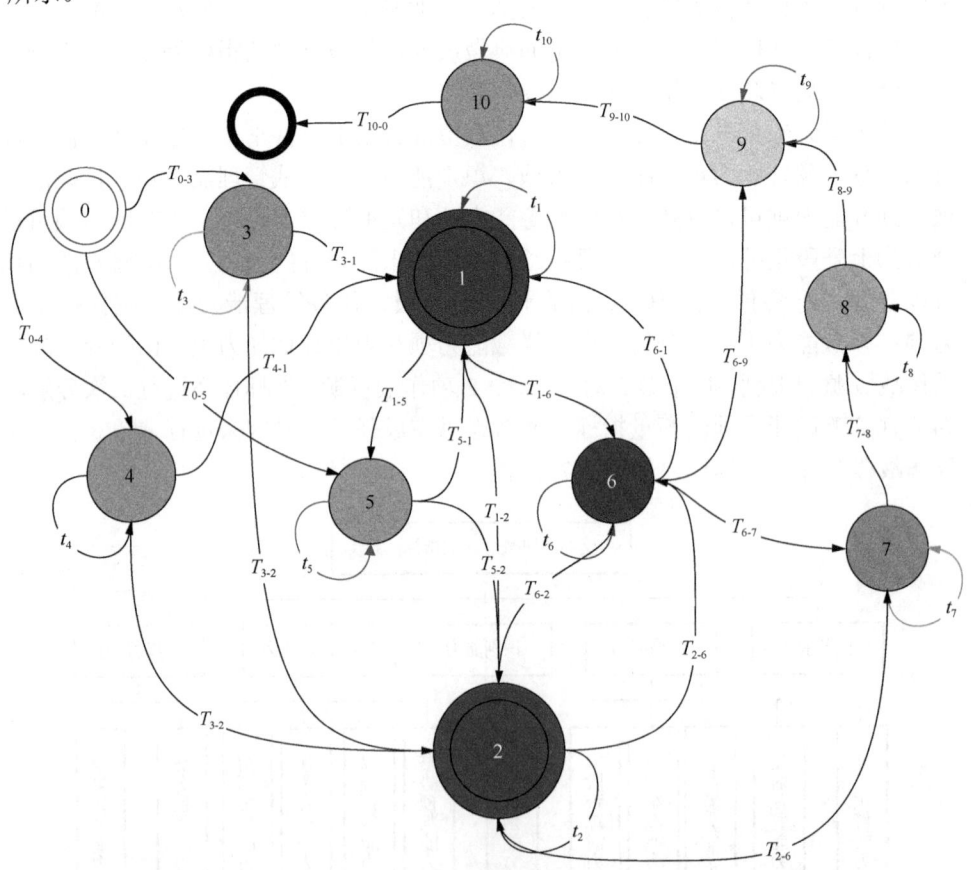

图 3-8　基于网络图的反导作战概念评估模型

基于上述评估模型，依据各作战节点的典型性能参数，即可开展作战概念评估，评估作战概念的可行性和作战概念的先进性。

3.3 装备作战概念研究案例

3.3.1 顶层作战概念设计

有人/无人机组合编队可以通过传感器协同方式,对地/海面和空中目标进行有源定位或无源定位。有人/无人机组合编队实施有源协同感知,应在确保编队隐身能力和实现能量最优化控制的原则下,基于协同电磁态势评估来实施有源协同感知。有人/无人机协同态势感知顶层作战概念如图3-9所示。

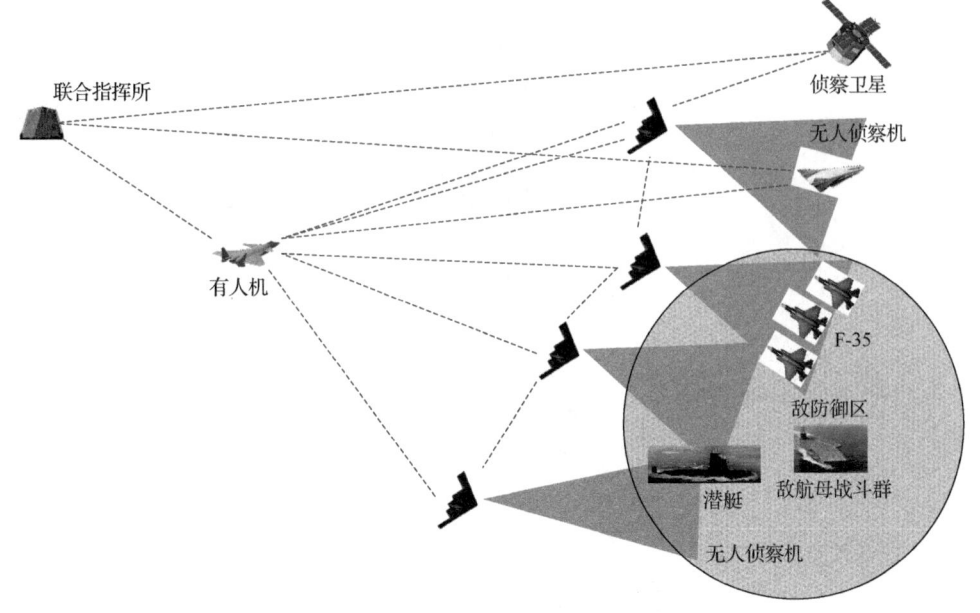

图3-9 有人/无人机协同态势感知顶层作战概念

在协同态势感知作战概念中,无人机可以采用伴飞形式(一般适用于大型无人机),编队无人机与战斗机、预警机同时起飞,在空中预定区域集结编队,飞向任务区域;无人机也可以采用大型空中平台投放形式(一般适用于小型无人机),在预警机、指挥机等大型空中平台飞抵任务区域时,大型空中平台投放出若干架无人机,无人机分布式部署在大型空中平台前方区域实施广域侦察,侦察信息传回大型空中平台进行综合处理。当任务区域较远时,可能还需要建立必要的中继节点以满足作战过程中更高效的信息传输要求。

3.3.2 装备作战概念基本描述

参考DoDAF2.0体系结构框架,可从作战交互关系、作战状态转换活动模型、作战事件跟踪描述三个角度分析设计有人/无人机协同态势感知作战概念。

有人/无人机协同态势感知的作战交互关系如图3-10所示。

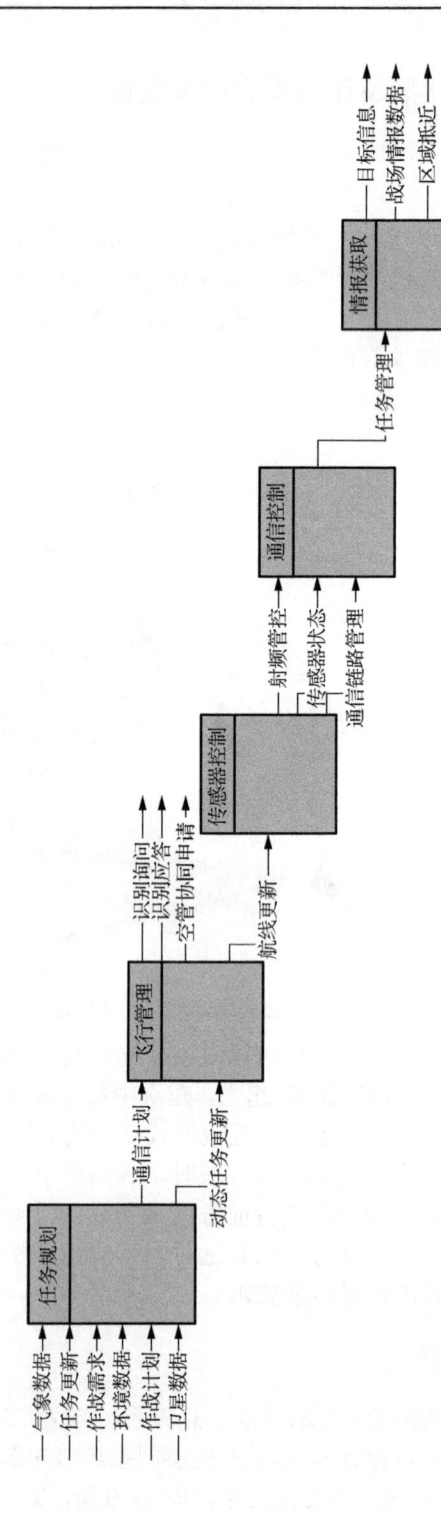

图 3-10　有人无人机协同态势感知的作战交互关系示意图

协同态势感知通过任务规划、飞行管理、传感器控制、通信控制和情报获取等部分的作战交互关系进行高效的情报信息和战场态势的获取,并将这些重要信息融合处理并传输到下一个作战活动。以此来保证协同作战达到预期的作战效果。

建立作战状态转换描述图,通过描述有人/无人机编队作战状态随各种作战事件的转换来部分展现远程态势感知作战过程的状态转换,如图3-11所示。

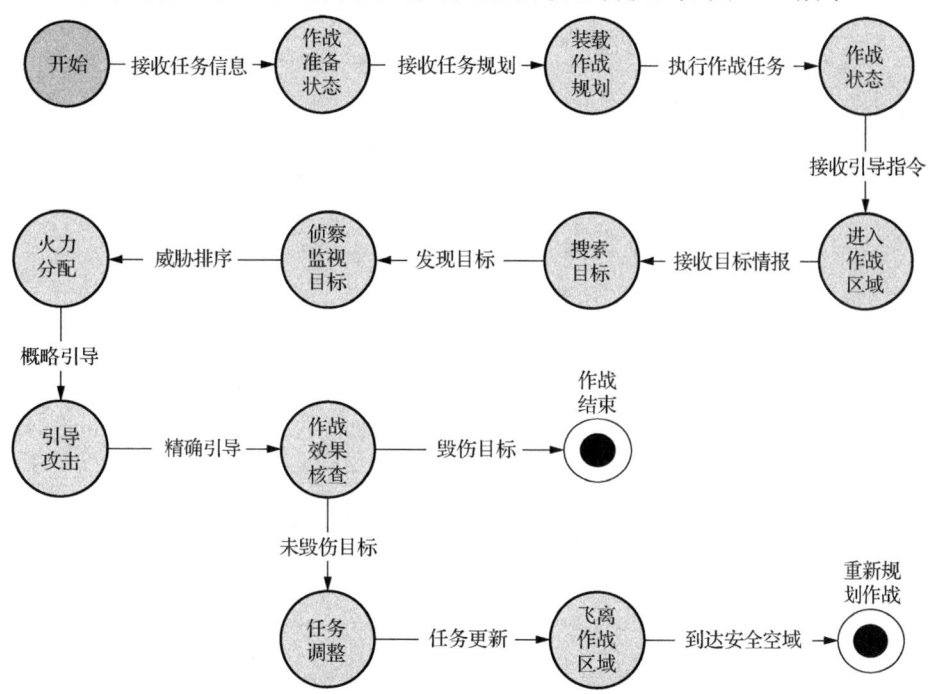

图3-11 有人/无人机编队作战状态转换活动模型

该状态转换图主要是来展现在作战过程中各类作战状态的转换,包含战前准备、战中实施和战后检查评估等状态。主要从接受作战任务开始,在战前做好准备,之后结合作战规划开始执行作战任务并进入作战状态。在作战编队进入作战区域之后进行信息情报收集工作,对任务目标进行侦察监视,结合战场实际情况以及作战目的对作战目标进行威胁排序,并在此基础上调整火力部署。作战单元在概略引导下对任务目标实施作战攻击,在作战攻击任务完成之后,侦察力量在精确引导下对作战效果进行核查。若达到作战目标则宣告作战结束并开始返航,若没有达到作战目标,则根据当前的战场态势重新进行规划调整,直到安排就绪以及时机到达,重新开始执行作战任务,之后的作战状态转换与前面的状态先后转换保持一致。

DoDAF 2.0体系结构框架的作战视图对作战过程的动态特性描述支持能力有限,为描述有人/无人机协同态势感知作战过程的动态特征,开展有人/无人机协同态势感知作战的逻辑闭环验证，建立有人/无人机协同态势感知作战事件跟踪描述图，如图 3-12 所示。

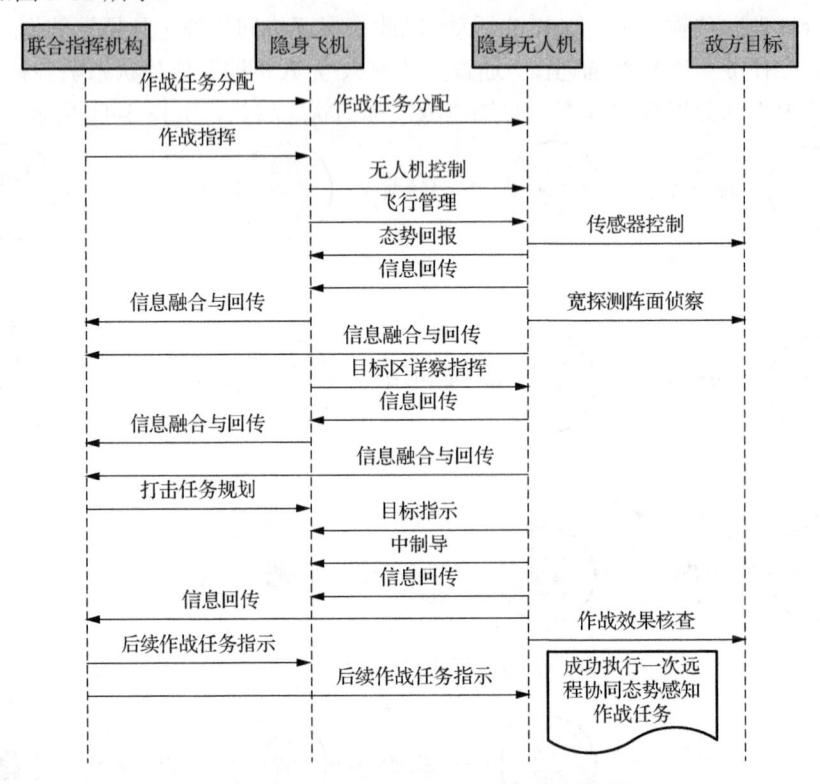

图 3-12 有人/无人机协同态势感知作战事件跟踪描述图

图 3-12 中，该事件跟踪描述图能够较为清晰地描述出某个活动对应发生在哪个结构部分，通过定义联合指挥机构、隐身飞机、隐身无人机和敌方目标四个作战主体间的带有顺序和时间属性的态势感知作战活动，动态描述"成功执行一次远程协同态势感知作战任务"所要完成的作战活动及其时间顺序。作战主体间包含相互区别联系的作战活动，详细描绘了有人/无人机协同态势感知作战的具体流程。

3.4 装备系统概念设计方法

对于自主创新发展的新型装备，继续沿用传统的局部图像描述方法存在问题。因为围绕显性物理图像的非物理属性不清晰，需要呈现一幅全景图像去描述很多过去不需要说明的问题。因此在描述装备图像时，不仅要描述装备平台本身能够直接"看得见"的物理图像，还要描述牵引装备平台发展的那些"看不见"的隐藏图像，如作战任务、作战图像等。在新型装备系统概念研究中，可使用 MOTE 装备系统概念设计方法。

MOTE 装备系统概念设计方法是指针对新型装备的装备作战概念，从任务概念（mission concept，任务域"M"）、作战概念（operation concept，作战域"O"）、技术概念（technique concept，技术域"T"）和装备概念（equipment concept，装备域"E"）四个角度展开综合描述，对新型装备的装备作战概念按照任务域（M）→作战域（O）→技术域（T）→装备域（E）的逻辑递进展开和细化分解。通过任务概念、装备作战概念和技术概念逐层聚焦装备系统概念，通过任务域、作战域、技术域和装备域的相互深度耦合，描述新型装备初始图像集的装备系统概念设计方法[14]。图 3-13 为 MOTE 概念设计方法示意图。

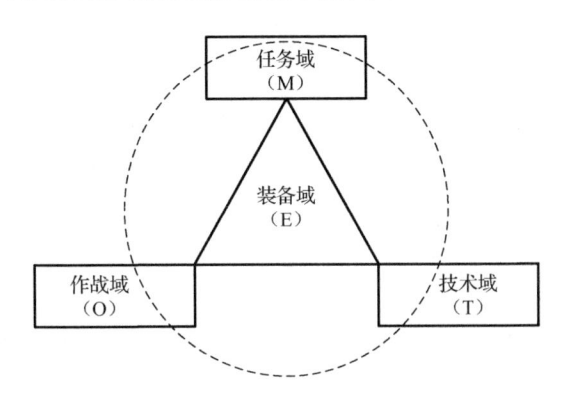

图 3-13　MOTE 概念设计方法示意图

任务域分析基于任务视角，设计新型装备任务概念。任务概念是在分析未来战争形态和作战模式的基础上，梳理新型装备需要承担的作战任务，提出其任务需求，形成任务空间集合，主要回答新型装备"打什么仗"的问题。

作战域分析基于作战视角和任务概念，设计新型装备作战概念。装备作战概念是在任务概念的基础上提出的，通过任务概念聚焦新型装备的作战需求，形成作战空间集合，主要回答新型装备"仗怎么打"的问题。

技术域分析基于技术视角和装备作战概念，设计新型装备技术概念。技术概念以支撑新型装备作战概念为目标，提出新型装备的关键技术需求，形成技术空间集合，主要回答新型装备"凭什么打"的问题。

装备域分析基于装备视角和作战、技术概念，设计具体的装备概念。装备概念是任务概念和装备作战概念落地的载体，是技术概念实现的实体，通过任务、作战和技术需求逐层聚焦到装备需求，形成装备平台空间集合，主要回答新型装备"是什么样"的问题。

3.5 装备系统概念评估方法

装备系统概念必须经过科学的评估,方能对其适用性和有效性进行确认。装备系统概念评估是一项将作战使用、装备性能、装备技术、技术发展预测、对抗仿真、效能分析等领域的知识关联在一起的研究工作[15]。装备系统概念设计与装备系统概念评估是一个反复迭代、逐步深化、渐进修正的研究过程。

3.5.1 装备系统概念评估难点

装备系统概念评估主要存在以下技术难点。

1) 多目标性

装备系统概念评估是一个多视角综合考核的平衡问题。不同视角考核装备系统概念的不同方面,不同视角的评估指标反映了不同的目标指向和要求,因此装备系统概念评估需要同时考虑基于不同视角的多个评估指标。一般情况下,这些评估指标相互不独立,并有可能是相互矛盾的。装备系统概念评估的指标既要能准确体现军方对装备系统概念的综合目标取向,又要能反映不同视角考核的特定目标要求,同时还要客观反映各个评估指标的作用以及他们之间的相互关系;既要有综合性的简约,又不失各视角的关注点,简明但应反映要素。因此,装备系统概念评估过程如何科学合理构建恰当适用的评估指标是研究中需要重点突破的关键技术问题。

解决多目标性难点的方法有主要目标法、隶属函数法、加权法、理想点法、多目标线性规划法、层次分析法等。对于多目标优化问题,在目标指向一致性较好时,可通过综合方法将多目标优化问题转化为单目标优化问题;在目标指向一致性不好,甚至是冲突时,则只能依据目标的重要度排序进行协调。

2) 多层次性

装备系统概念评估是一个自上向下逐步分解,自下向上渐进集成的分层次研究过程。上一层的评估指标由下一层评估指标集成,下一层的评估指标从上一层评估指标分解。集成有可能导致下一层评估指标特性被淹没,分解有可能导致上一层评估指标特性被丢失。如何依据评估目标,构建科学合理的概念评估分层次指标体系是研究中需要重点突破的关键技术问题。

在装备系统概念设计初始阶段,由于对基础层次技术问题的认识还难以到位,层次的划分会较为粗糙。随着研究的进展和认识的深入,层次的划分会逐渐细化、明晰化。因此,评估指标的构建要综合考虑装备系统概念设计的这种多层次渐进的特点,分阶段动态构建,逐步深化、细化、明晰化。在第一阶段,直接评估具体的技战术指标还不现实，主要依据关键能力特征进行评估，随着研究的深入和认识的深化逐步向更为深入的评估层次推进。

3）多方案性

新型装备系统概念评估必定会面对多单位提出的多个方案。各单位考虑的角度不同、突出的重点不同、技术优势不同、对某些问题的认识存在区别，因此各单位所提出的新型装备系统概念会存在较大、较明显的差异。这种多方案存在的差异对概念评估带来了明显的困难。

从方法学角度看，新型装备系统概念评估所面临的多方案特点带来的困难主要表现为要对属性、类别存在较大差异的事物在相同的标准下进行评价。虽然都是战斗机发展概念，但由于各单位的认识角度不同、优势技术领域不同、发展继承关系不同等原因，达成装备同一作战能力的技术途径和方法手段可能存在较大差异。因此，多方案评估所面对的主要问题是如何将不同方案中对装备同一作战能力的不同表述，合理、有效地映射为评估指标所描述的装备作战能力特征，要依据评估指标对方案能力特征进行针对性有效提取。提取的过程要重点关注三个要点：一是不能丢失原方案的特征；二是符合聚类评估的要求；三是具有可比性。

4）不确定性

装备系统概念是面向未来的装备发展认识，因此装备系统概念设计本身就存在着一定的不确定性。评估过程所依据的信息则具有更大程度的不确定性，多数信息需要在已有的、少量资料的基础上进行合理预测和科学推断。例如，作战环境的不确定性、敌我双方对抗体系的不确定性、作战样式的不确定性、装备技术发展的不确定性等因素，这些不确定性因素的集合对方案评估带来了更大的不确定性。这种不确定性对定量化评估形成了很大的制约，使评估结论的可信性受到严重影响。

解决不确定性的关键在于假设的合理性和科学性，要合理地假设未来的条件。首先要保证方向的正确性，至于程度的准确性则应给出一个变化适应范围。其次，对评估所使用的数据一定要进行合理性和有效性的验证和确认。

5）影响因素复杂

装备系统概念评估需要考虑众多的影响因素和相互关系。研究所涉及的不确定性因素众多，因素的变化趋势不明确，因素之间相互的作用和耦合关系复杂，并呈现高度的非结构特征。例如，研究将涉及未来形势分析、未来作战理论、装备体系等众多复杂的、难以量化的因素，这些研究内容涵盖多学科，需要多领域的研究人员合作进行。因此，研究具有相当的难度。

影响因素众多、因素的不确定性、因素之间耦合关系的描述不到位等因素将导致评估结果的可信性下降。因此要设法化繁为简，合理凸显主要因素，忽略次要因素，面对不同的应用条件，一要掌握主、次因素转变的趋势和规律，合理描述各因素之间的耦合关系；二要掌握因素不确定性的范围和变化规律，尽可能降低不确定性的影响。

3.5.2 能力线/技术线耦合评估方法

装备系统概念的评估应以军事能力需求为基准，沿着能力线和技术线同时评估。此外，还需要考虑装备的全寿命费用周期，最后进行综合权衡。装备系统概念评估框架如图 3-14 所示。

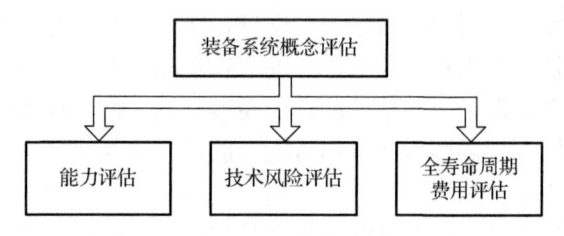

图 3-14 装备系统概念评估框架

对新型装备系统概念的评估方法，普遍的认识是搭建新型装备作战战场仿真环境，构建新型装备作战仿真系统，将新型装备放入到构建的未来作战体系环境中，依据敏感性分析技术评估新型装备系统概念[16]。

基于 DoDAF 规范，应用建模工具开发装备系统概念是目前较为普遍的一种方法，应用该方法设计的装备系统概念可以作为一些货架产品仿真系统的基本输入，这些仿真系统具备对设计的装备系统概念进行演示、验证和评估功能。实际上，这些功能是分阶段、分层次的，对于装备系统概念，演示的是流程，验证的是逻辑，而评估的则是效能。对于基于 SA 等建模工具开发的装备作战概念，这些货架产品的仿真系统可以支持装备系统概念流程演示和基本逻辑验证，但很难支持作战效能的评估。

基于大型仿真环境对新型装备系统概念进行评估，可信度较低。新型装备是面向未来的装备，基于大型仿真环境进行装备系统概念评估，就要模拟新型装备未来的作战体系、作战环境、作战对手等一系列可预不可知、变化不可控、数据不可测等问题。变数太多，从而使评估结果的可信度较差，缺乏说服力。装备系统概念评估不同于作战推演或训练，利用大型仿真环境进行作战推演或训练时，多数参数和控制关系是明确的。

因此，目前对新型装备系统概念评估宜采用局部仿真环境，开展关键能力点评估。关键能力点评估要明确描述任务与能力之间的因果关系，但这不是概率方法、统计方法所能解决的，要探索函数方法。这种方法需比基于体系的仿真环境开展的全系统装备系统概念评估更现实，评估结果的可信性更高。

第3章 装备概念研究理论与方法

装备系统概念评估通常采用结构化方法，结构化方法适于解决程序化问题，而装备作战的非结构化特性使得经简化的结构化方法难以描述其本质特性。不得已而采用的系数法、指数法、概率法等方法只能描述事物的外包络特性，而无法描述其内在规律，只能说明影响趋势，难以说明因果关系和影响程度。

因此，新型装备系统概念评估需要解决用函数描述新型装备的作战应用特性，以有效反映新型装备作战、技术、装备之间相互影响的内在规律。

构建新型装备作战、技术、装备等视图之间的关联关系是进行新型装备系统概念仿真评估的必要条件，也是开展新型装备任务系统需求研究的基础。构建关联关系的关键是定量描述作战能力、装备战技指标和作战效果之间的关联关系，即函数化关联关系。

先从典型能力评估和技术评估两方面入手对新型装备的概念进行评估，并重点着眼于依据能力线进行关键能力点评估。装备系统概念评估的基本步骤如图 3-15 所示。

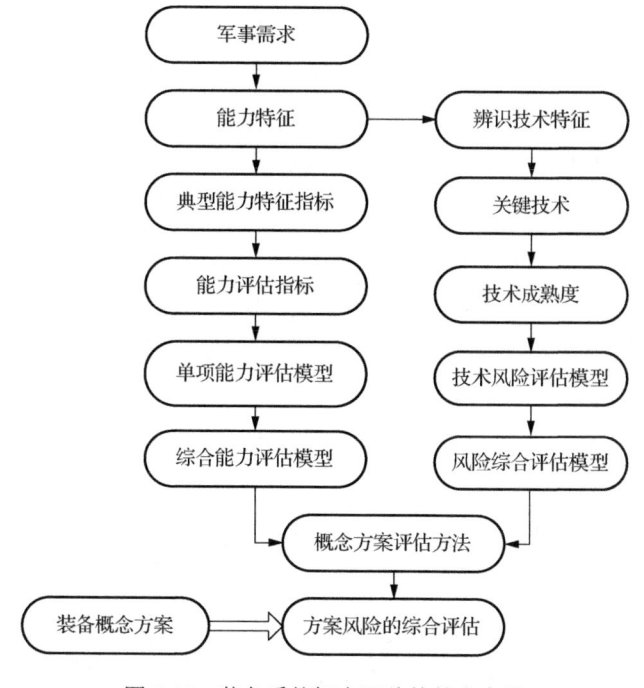

图 3-15 装备系统概念评估的基本步骤

能力线评估，从军事需求角度辨识出新型装备能力特征，基于能力特征提取出反应能力特征的典型能力特征指标，综合使命任务、作战使用、军事能力等多方面要求，针对每项典型能力特征指标提出单项能力评估指标，并建立单项能力评估模型,综合全部典型能力特征指标,构建新型装备综合能力评估模型,对新型装备系统概念满足军事需求的程度进行综合评估;技术线评估,基于能力特征辨识出技术特征,进而提取出关键技术,依据各单项关键技术的技术成熟度,建立技术风险评估模型,评估单项技术存在的技术风险,最后建立风险综合评估模型,实现对新型装备方案风险的综合评估。

3.6 装备系统概念研究案例

助推段反导是一体化反导体系的重要组成部分,比中末段反导具备更高的作战效能。利用空基平台实现助推段反导拦截是未来反导发展的重要方向,空基反导以助推段飞行的弹道导弹为拦截目标,可在助推段对弹道导弹目标进行主动拦截。下面,利用 MOTE 方法对空基反导装备系统概念进行描述。

3.6.1 任务概念描述

空基反导以助推段飞行的弹道导弹为拦截目标,空基平台的作战区域多位于敌领空内,这样其作战使用便受到制空权的限制。因此,在作战使用上,空基反导主要用于执行区域反导任务。空基反导任务概念应突出弹道导弹预警能力和拦截能力,拦截初始段和上升段弹道导弹将是其核心任务。同时,通过空基平台搭载的不同任务载荷,还可提供执行多种任务的支持,表 3-3 为空基反导任务概念描述。

表 3-3 空基反导任务概念描述

作战任务	作战对象	任务层次
弹道导弹预警和拦截	敌方弹道导弹目标	核心任务
电子干扰和电子战	敌方各种电子、通信系统	主要任务
空中无人监视侦察	敌方军事部署和军事行动	一般任务
无人机对地精确打击	敌方重要军事目标	延伸任务

空基反导的核心任务是对助推段的弹道导弹进行预警和拦截;同时,空基反导具有隐身性、前置部署等优势,也可以遂行诸如电子干扰和电子战等主要任务,空中无人监视侦察等一般任务,无人机对地精确打击等延伸任务。

空基平台执行助推段反导拦截任务可按照拦截作战过程分解为预警侦察任务、反导指控任务、火力打击任务和作战评估任务四个任务项。每个任务项又可通过不同的任务指标进行描述和度量。不同的任务指标和作战需求指标又形成了映射(转换)关系,如表 3-4 所示。

表 3-4　空基反导任务-作战需求指标体系

任务项	任务指标	作战需求指标
预警侦察任务	预警时间	预警系统目标发现能力
	预警范围	预警系统覆盖范围和周期
	跟踪精度	预警系统的目标跟踪精度
反导指控任务	反导指控时间	BM/C^{3}I[①]系统信息处理及收发时间
	下达任务速度	目标处理、任务规划能力
火力打击任务	拦截范围	射程、射高
	目标类型	目标特性
	拦截目标数量	目标通道
	拦截时间要求	武器系统反应时间
	反导覆盖范围	滞空时间、机动性
作战评估任务	毁伤效果要求	直接碰撞动能杀伤能力
	再次拦截时间	二次拦截转换时间

① 战场管理指挥、控制、通信和情报（battlefield management command, control, communications and intelligence, BM/C^{3}I）。

3.6.2　作战概念描述

空基反导作战概念主要描述空基反导的作战想定、作战能力与作战运用模式。

1. 空基反导作战想定

空基反导作战想定涵盖典型作战场景，包括作战对手、作战部署、作战方式、行动路线、作战目标、战场环境等变量，给出相关变量的定义、取值范围、典型值和计算关系等。基于隐身无人机的空基反导作战概念图如图 3-16 所示。

作战过程想定如下：导弹预警网由天基预警卫星、临近空间预警平台和地基预警雷达组成；隐身无人空基反导平台携带经过改进的远距空空拦截弹对助推段弹道导弹实施拦截。

首先，导弹预警卫星对弹道导弹的部署动向和发射情况实时监控，在敌方有可能对我方实施弹道导弹打击或已经处于发射准备的情况下，引导隐身无人空基反导平台潜入敌方弹道导弹发射区域上空，巡飞待战；

其次，当导弹预警指控网络（BM/C^{3}I）收到弹道导弹发射预警后，对预警信息进行合成处理，并及时向隐身无人空基反导平台发出预警，同时传送弹道目标的拦截信息；

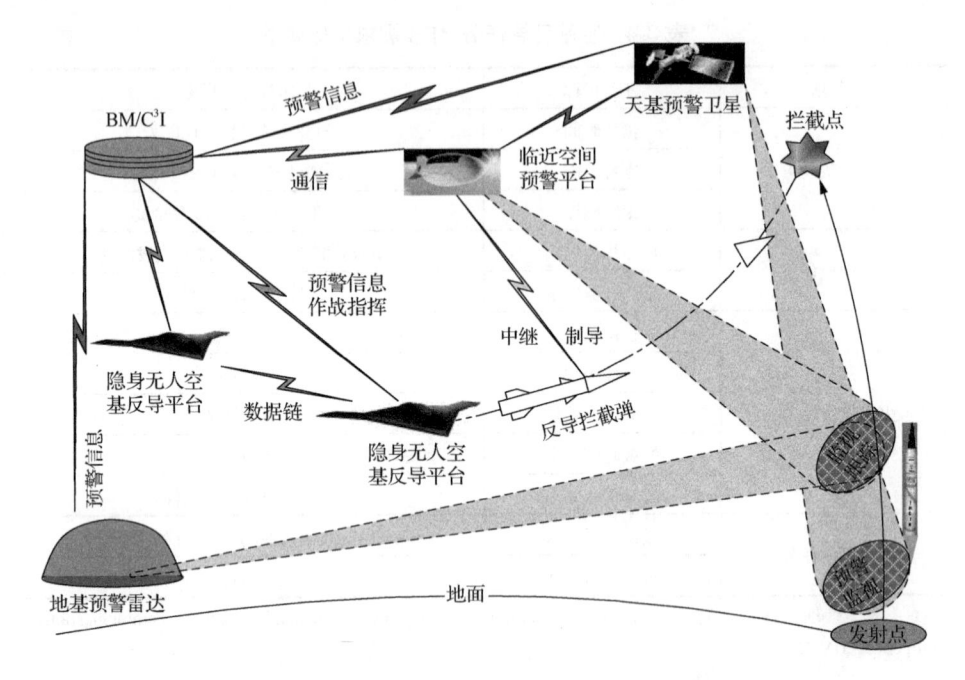

图 3-16 基于隐身无人机的空基反导作战概念图

再次,隐身无人空基反导平台根据 BM/C^{3}I 提供的拦截信息,及时发现、截获、跟踪目标,并在形成发射条件后,发射反导拦截弹实施拦截;

最后,由于拦截距离过远,可由临近空间预警平台为反导拦截弹提供中继制导信息,拦截后,由 BM/C^{3}I 对拦截效果进行评估。

2. 空基反导作战能力

作战能力包括弹道预测与计算、预警时间、拦截距离、拦截高度、拦截精度、目标指示能力等,从总体上描述空基反导的基本作战性能。

3. 空基反导作战运用模式

作战运用模式包括作战编成、作战方式、作战时序、作战过程等,从总体上描述空基反导在未来反导作战中的具体作战应用。其包括空基反导部队和指挥所指挥/战勤/技勤编成,各级指挥机构和装备的状态定义,战备/战斗状态转进条件,作战指挥活动的事件定义、职能划分、指挥准则与指挥流程,战勤活动的事件定义、职能划分、控制准则与控制流程,技勤活动的事件定义、职能划分与流程。空基平台的作战状态转换图如图 3-17,以描述空基反导的作战过程。

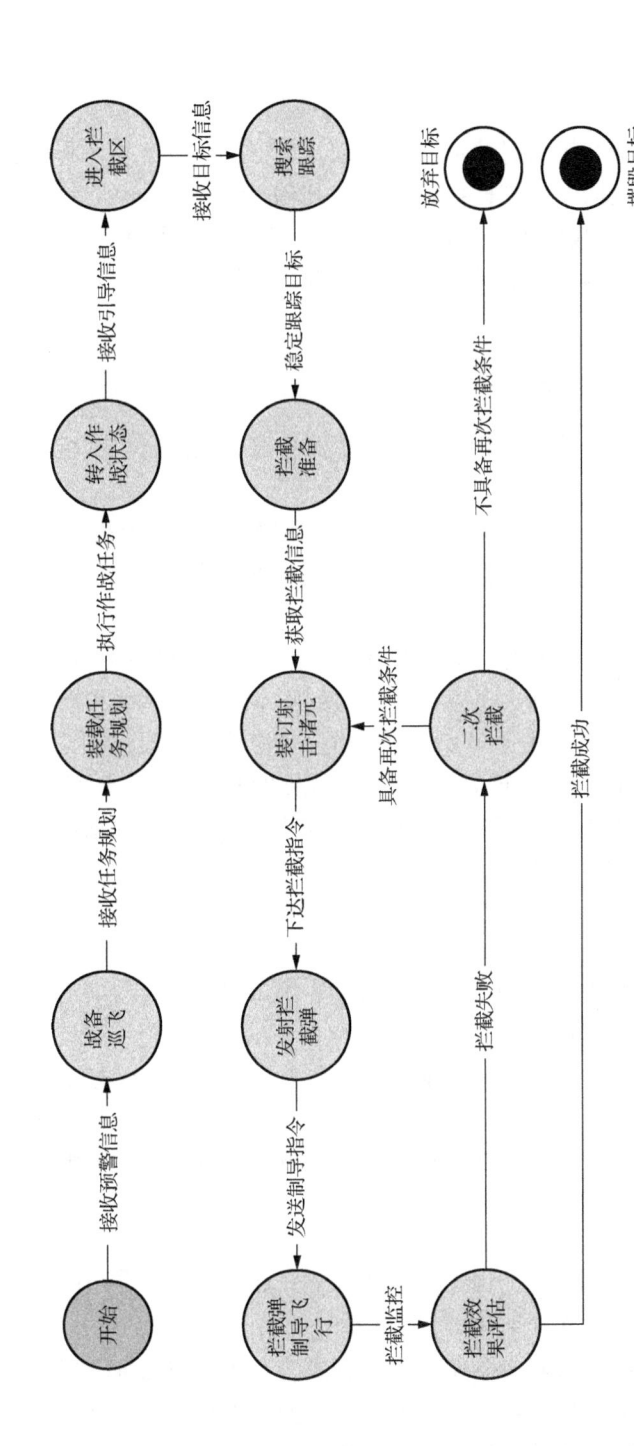

图 3-17 空基平台作战状态转换图

3.6.3 技术概念描述

空基反导技术概念主要描述空基反导典型技术特征，以及支撑其作战运用所需的关键技术。主要包括作战管理技术、总体设计技术、空基反导平台应用技术、任务载荷技术、反导拦截技术、智能控制技术、探测制导技术和指挥控制技术等。空基反导技术概念体系从总体上搭建空基反导的技术体系，明确所需的关键技术。

1. 空基反导作战管理技术

空基反导作战管理技术是实现空基反导探测预警、跟踪、拦截打击一体的关键技术。主要包括以下几个方面。

（1）作战管理的层次划分及其关系：包括体系级（任务分配级）、系统级（火力分配级）、装备级（时序规划级）三个层次，研究各层次之间的职能结构、数据交互关系。

（2）火力与预警一体化规划：包括体系级、系统级的任务协调与优化，装备级的时序协调与资源规划，研究其规划与优化的基本理论、算法和模型。

（3）基于模糊决策的作战管理方法：在指挥员决策具有模糊性、上层规划输入具有模糊性的情况下，研究作战管理规划与优化的基本理论、算法和模型。

（4）智能隐身无人机反导作战管理方法：包括预警探测、数据传输、拦截打击在内的无人反导作战管理方法。

2. 空基反导平台应用技术

智能无人作战飞机平台作为空基反导的主要载体，是完成空基反导作战部署、使用的重要环节。主要包括以下几个关键技术。

（1）飞机设计制造技术：包括总体技术、发动机技术、飞控技术、航电系统、隐身技术、材料技术等。

（2）隐身和自我防卫技术：在接近或进入敌方防空发射拦截范围时，能确保不被敌方防空系统发现和攻击，具有电子干扰、威胁告警，甚至空空作战等自我防御能力。

（3）长航时飞行技术：能实现在空中的长时间巡逻、游弋，空中无人加油，实时不间断监控敌弹道导弹武器的发射等各项活动。

（4）远程数据传输技术：空基平台飞行时间长、作战距离远，反导拦截作战需要数据量大、传输时限短，所以需要发展可靠的远程数据传输技术，而且反导作战距离敌方国家较近，因此数据传输保密性和抗干扰性要求高。

3. 空基反导拦截技术

（1）高加速拦截弹技术：作为空基反导的助推段拦截武器，拦截弹的飞行速度对其完成拦截任务至关重要，高加速拦截弹技术是确保拦截弹能够高速飞行的关键技术。

（2）探测制导设备技术：先进的红外探测和制导设备能及时、准确发现初始段和上升段弹道导弹目标，并引导拦截弹有效拦截目标。

3.6.4 装备概念描述

为完成空基反导作战任务，执行任务的各武器系统和作战平台必须具备相应的作战能力，而作战概念和技术概念反映在武器装备上，就是对空基反导各武器系统和平台的装备概念。空基反导装备概念主要描述空基反导的装备形态、装备组成、功能关系、战术技术性能、关键技术和技术发展预期等。空基反导装备体系构成如图 3-18 所示。

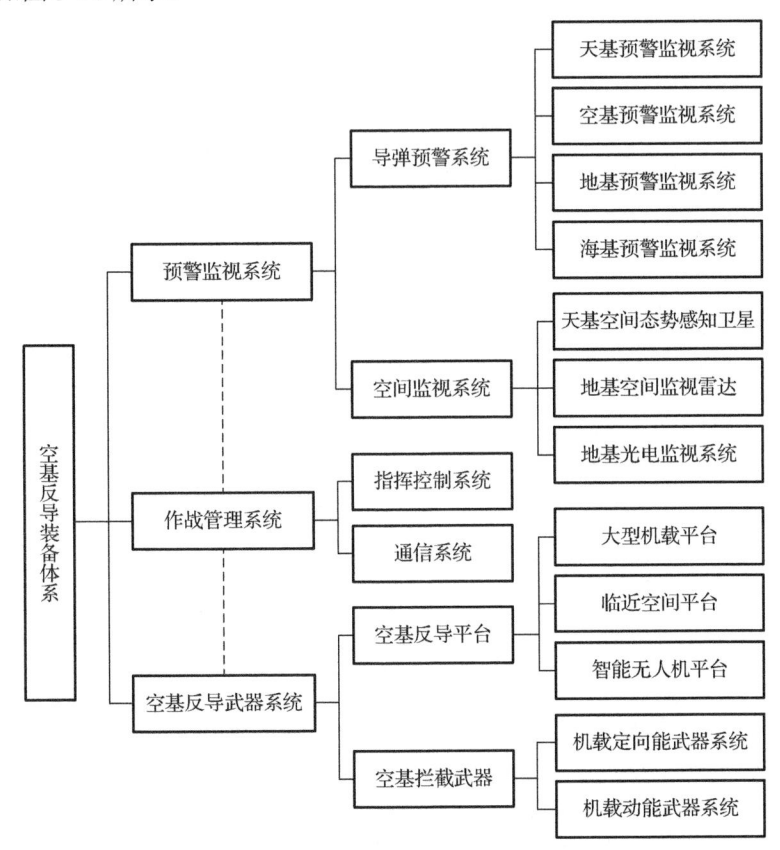

图 3-18 空基反导装备体系构成

空基反导核心装备概念包括以下几个方面。

（1）平台装备概念：具有以超隐身、超高速、超机动、超长滞空能力智能隐身无人作战飞机为主的空基反导作战平台。

（2）任务载荷装备概念：用于初始段和上升段反导所需的预警探测识别载荷、指挥控制载荷、制导系统载荷、反导拦截武器载荷等。

（3）预警装备概念：以"网络中心战"思想为基础的三位一体预警指挥网络。包括低/高频段地基远程预警/跟踪识别雷达、海基预警/跟踪识别雷达、空基/临近空间红外预警跟踪平台、高/低轨红外预警卫星等。

（4）制导装备概念：分布式制导系统技术概念、集中式制导系统技术概念、网络中心制导系统技术概念。

（5）作战管理装备概念：具有作战规划、态势感知、指挥控制和通信等功能，可对各种探测预警设备和拦截武器进行集中指挥和控制。

第4章 装备能力需求分析理论与方法

装备能力是装备的固有属性，与装备体系中装备的种类、数量、性能、相互依赖关系、支撑关系和信息交互关系等密切相关[17]。装备能力需求是指在特定作战环境下，为实现某项或多项作战任务，对装备能力提出的具体需求。

装备能力需求与分类研究是一个将作战视图转化为能力视图的研究过程，即将装备完成作战任务所需的作战能力（作战视图，operation viewpoint，OV）用装备的能力谱（能力视图，capability viewpoint，CV）形式来描述的过程。装备能力需求描述是在对作战构想、作战任务进行深入研究的基础上，对装备能力目标的可视化模型描述，进而明确装备的使命任务及要素间的相互关系。利用装备的能力需求描述来指导相关装备的研制与试验，可以使装备、系统、体系的设计与实现先天达到能力要求，配合完成相应作战任务。

在借鉴装备发展的历史沿革和国外研究发展思路的基础上，提出基于"作战任务所需"能力、"历史沿革外推"能力、"消除威胁所需"能力、"技术进步所能提供"能力开展耦合分析。按照辨识与提取→验证与评估→裁剪与分类的分阶段研究技术方法开展能力需求研究，并区分核心能力、主要能力、延伸能力等多层次的能力需求。以便将宏观的任务使命转换为微观可操作的装备能力需求，从各层次、多角度全面描述和理解未来装备。

本书设计的装备能力需求与分类方法，体现了层级设计、动态演进、逐项验证、全局权衡的需求分析特征，可为装备研制与改进提供开放的、可持续发展的论证基础，为形成结构紧密、反应灵敏、可充分发挥各自优势的整体装备体系提供支撑。

4.1 装备能力需求论证的特点

装备能力需求是对装备在作战过程中为有效完成作战任务而应具备的作战能力的基本要求，包括"质"和"量"两方面的需求[18]。这里"质"指的是能力的类型或性质，主要由任务类型或性质决定；"量"指的是能力的大小，主要由任务量决定。

装备能力需求论证的关键是寻求由任务指标到能力指标之间的对应转换关

系[19]。任务指标是作战任务分析的结果,是任务项某一属性描述和度量的标准。通常任务项可由几项不同的任务指标来共同描述,如火力打击任务可以用目标类型、目标数量、目标抗毁伤能力、毁伤程度、打击精度等指标进行描述。

美国国防部以DoDAF体系结构为代表的体系结构建模成为装备体系论证和顶层设计的标准手段,体系能力需求是其中最为重要的环节之一[20-21]。作为军事对抗的基础,装备的能力需求研究受到国内外相关领域权威专家的特别关注,并且在装备能力的组成、分类、评估等领域形成了相对完善的思路和研究框架。但是,在体系结构建模过程中,作战能力的概念化描述和能力谱的构建上还存在着标准不统一、过程和方法随意性大等问题。

在装备能力需求论证过程中,需将面临的不确定性因素分解到论证的各个层次和各个剖面,通过一步一步地分析求解,最终获取装备体系完成顶层目标的能力;而不能把所有的不确定性因素作为输入,通过一步分析求解获取装备体系完成顶层目标的能力。

在具体的装备能力需求论证中,需要考虑作战任务不确定性、装备结构不确定性、装备参数不确定性[22-23]。

(1)作战任务不确定性。作战任务不确定性指的是装备体系可能面临多类作战任务。

(2)装备结构不确定性。装备结构不确定性指的是装备能力需求论证中所涉及的装备,以及装备的配比关系难以确定。

(3)装备参数不确定性。装备参数不确定性指的是装备能力需求论证中所涉及的装备的性能参数和使用规则难以确定。

4.2 装备能力需求辨识与提取

在装备能力需求描述的最初阶段,对能力需求的描述一般不够系统、不够完整,往往只是简单给出能力需求的定性描述[24]。按一定规则对其进行规范化表述后,可以将装备的能力需求逐级分解成一系列子能力需求的集合,这样在一定程度上明确了装备的能力应由哪些子能力来具体实现。

装备能力需求辨识与提取研究方法如图4-1所示。

装备能力需求辨识与提取阶段,主要是基于作战概念设计生成的体系作战概念方案,分解装备的作战任务,分析各类体系作战任务包含的主要作战活动,建立作战任务与能力之间、作战活动与能力之间的关联矩阵。

第 4 章 装备能力需求分析理论与方法 ·63·

```
┌─────────────────────────┐
│     体系作战概念设计       │
└─────────────────────────┘
           ↓
┌─────────────────────────┐
│  体系作战任务分解和作战活动分析  │
└─────────────────────────┘
           ↓
┌ ─ ─ ─ ─ ─ ─ ─ ─ ─ ─ ─ ─ ─ ┐
  未来作战对手 │作战方向│作战程度│……
└ ─ ─ ─ ─ ─ ─ ─ ─ ─ ─ ─ ─ ─ ┘
           ↓
┌─────────────────────────┐
│   作战体系核心作战任务分析      │
│ 制空权  快速精确打击  持续侦察监视 │
│ 远程指挥控制  多段多层反导  灵活作战保障 │
│ 快速投送部署  制赛博权  战略威慑  ……  │
└─────────────────────────┘
           ↓
┌─────────────────────────┐
│   制定作战体系能力标准词典     │
└─────────────────────────┘
           ↓
┌─────────────────────────┐
│  生成作战活动-体系能力关联矩阵   │
└─────────────────────────┘
           ↓
┌─────────────────────────┐
│ 提取每项核心作战任务对预期主要能力的需求 │
└─────────────────────────┘
           ↓
┌──────────────┐  ┌──────────────────┐
│ 形成新质作战能力 │  │对现有作战能力升级换代具有重要贡献的能力│
└──────────────┘  └──────────────────┘
           ↓
┌─────────────────────────┐
│   构建装备初始能力需求样单      │
└─────────────────────────┘
           ↓
┌─────────────────────────┐
│     装备能力需求目录框架       │
└─────────────────────────┘
```

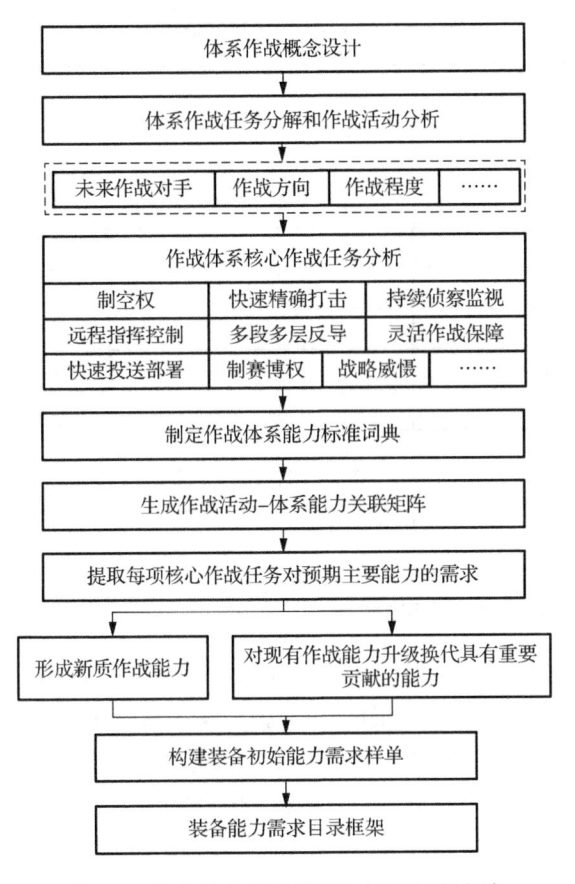

图 4-1 装备能力需求辨识与提取研究方法

4.2.1 体系任务-能力关联矩阵构建

首先，依据对未来作战对手、作战方向、作战程度等的判断，获取对装备核心作战任务的认识。其次，制定装备能力标准词典，针对每一项核心作战任务、作战活动，构建作战任务与体系能力的关联映射模型，提取有效实施作战任务对预期能力的需求，生成体系任务-能力关联矩阵。最后，基于关联矩阵，着眼形成新质作战能力和对现有作战能力升级换代具有重要贡献的能力，对能力进行细化和分解，构建初始能力需求样单，生成能力需求目录框架。

具体实施过程中，可以将体系作战任务清单作为参考基础和输入，建立任务-能力关联矩阵，对能力需求项进行分解、关联和统计。任务-能力关联矩阵设计方案如表 4-1 所示。

表 4-1 任务-能力关联矩阵设计方案

能力项		任务 1			任务 2		
		任务 1.1	任务 1.2	……	任务 2.1	任务 2.2	……
能力 1	能力 1.1	1	—	—	1	—	—
	能力 1.2	—	1	—	—	—	—
	……						
能力 2	能力 2.1	—	—	—	—	1	—
	能力 2.2	—	1	—	—	—	—
	……						
……							
能力 N	能力 N.1	—	1	—	1	1	—
	能力 N.2	1	—	—	—	1	—
	……						

4.2.2 作战活动-能力关联矩阵构建

体系作战活动与能力需求之间的关联是能力提取设计的核心。以体系作战概念中的作战活动模型（OV-5 视图）为基础，建立作战活动-系统能力关联矩阵，对能力需求项进行分解和关联，可以从中提取完成特定作战任务而实施一系列作战活动所需要的基本能力需求[25]。作战活动-系统能力关联矩阵设计方案如表 4-2 所示。

表 4-2 作战活动-系统能力关联矩阵设计方案

系统能力项		作战活动 1			作战活动 2		
		活动 1.1	活动 1.2	……	活动 2.1	活动 2.2	……
能力 1	能力 1.1	1	—	—	1	—	—
	能力 1.2	1	1	—	1	1	—
	……						
能力 2	能力 2.1	—	—	—	—	1	—
	能力 2.2	—	1	—	—	—	—
	……						
……							
能力 N	能力 N.1	1	1	—	1	1	—
	能力 N.2	1	1	—	—	—	—
	……						

具体地，在作战概念建模过程中，首先，基于作战概念设计和能力标准词典，针对典型作战场景下执行特定作战任务需求，研究提取实施相应作战活动所需要的典型能力支撑。其次，以任务-能力关联矩阵为基础，对作战任务进行作战活动项分解，获得作战活动分解树和作战活动模型[26]。再次，以活动-能力关联矩阵能力数列为基础，对顶层能力项进行装备（系统）级分解，构建作战活动项与能力项的关联矩阵，获得两者的关联模型。最后，提取装备执行特定任务所需的典型作战能力，生成体系能力样单。装备能力提取方案如图 4-2 所示。

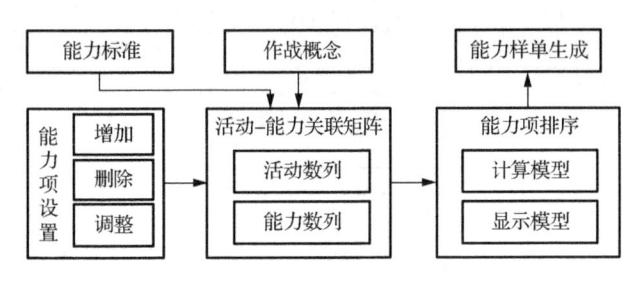

图 4-2 装备能力提取方案

4.3 装备能力需求验证与评估

装备能力需求验证与评估阶段，主要是依据对预期能力在执行作战任务中的作用、对作战任务的贡献度，以及实现预期能力的装备形态、可能涉及的关键技术等方面的认识，对预期能力开展进一步描述[26]。装备能力需求验证与评估研究方法如图 4-3 所示。

首先，依据核心作战任务，对提取的预期能力进行聚合与分解，获得预期的装备主要能力；其次，依据能力对任务的贡献程度对能力的重要度进行评估；最后，建立能力重要度评估模型，进行能力需求实验设计，生成由不同能力取值组合的想定簇，开展实时智能决策推演，生成体系能力需求清单。

体系能力需求辨识与提取是将体系能力需求分解成若干子能力需求，并分析系统功能需求与子能力需求之间的映射关系[27]。体系能力需求验证与评估时，进一步综合考虑这些对应关系，用定量化方法，分析体系能力需求与系统功能需求之间的对应关系，并求解其定量关系，计算各系统功能对于满足体系能力需求的贡献度、预期能力对作战任务的贡献度，依据能力对任务的贡献度对能力的重要度进行评估。建模思路如图 4-4 所示。

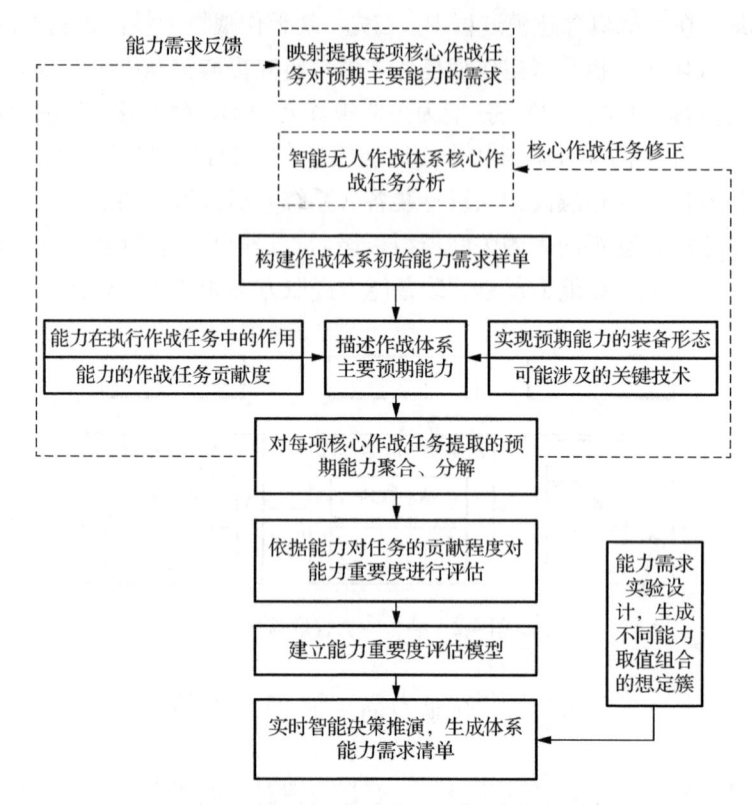

图 4-3　装备能力需求验证与评估研究方法

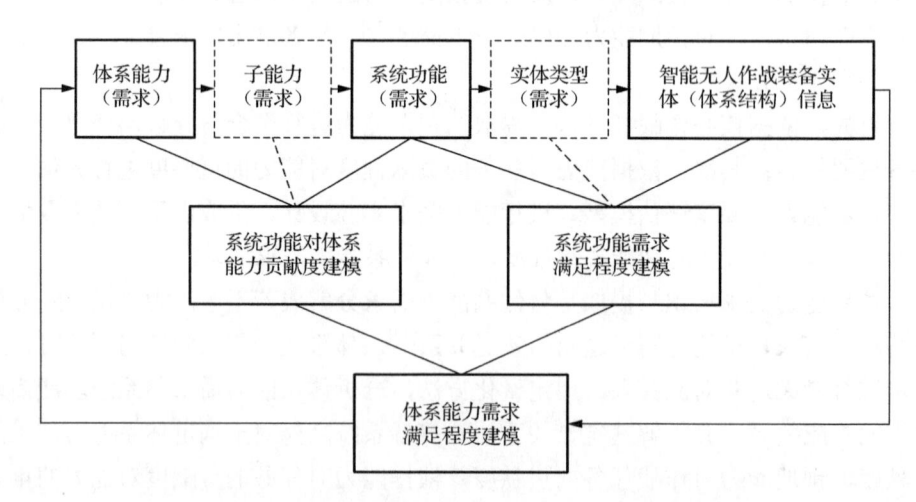

图 4-4　装备能力需求对作战任务满足程度建模思路

第 4 章 装备能力需求分析理论与方法

装备能力需求验证与评估遵循可视化、模块化、智能化原则，研究方案如图 4-5 所示。各模块的主要工作包括。

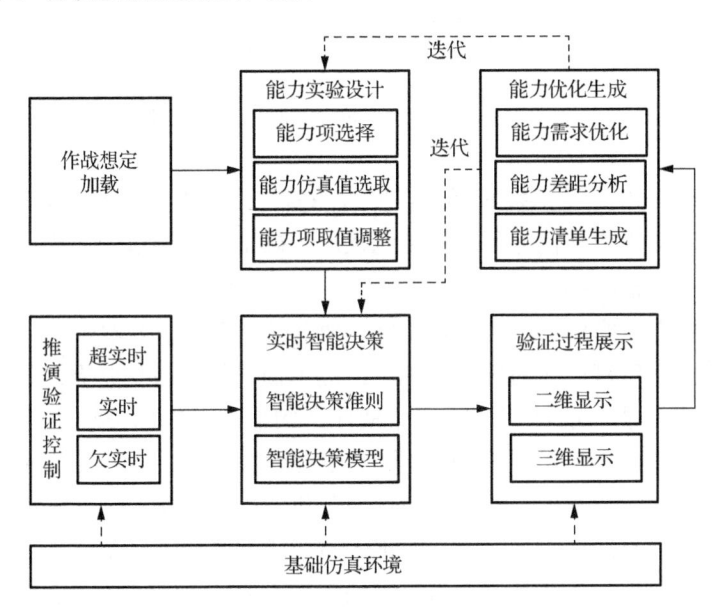

图 4-5 装备能力需求验证与评估研究方案

（1）作战想定加载模块。加载和导入装备典型作战场景下完成特定任务的作战想定，为体系能力仿真验证提供约束环境和约束边界，作为能力仿真验证的基本想定支持。

（2）能力实验设计模块。基于典型作战想定，进行能力实验设计，依据能力实验目的，选择具体能力项，初步选取能力仿真值，并可以调整能力项取值进行多次仿真，支持完成不同能力值支持下作战任务完成效果的约束设置。

（3）推演验证控制模块。完成能力仿真推演过程的控制与资源调度，完成超实时、实时、欠实时不同仿真步长要求下仿真推演过程的控制。

（4）实时智能决策模块。完成仿真推演过程的智能实施，依据推演过程约束环境条件的变化，从而实施智能决策和优化，动态选取和调整能力值以优化作战效果，为能力优化和生成提供基本决策准则和模型。

（5）验证过程展示模块。完成能力推演过程的多维度实施展示和回放。

（6）能力优化生成模块。动态选取和调整能力值以优化作战效果，对能力需求优化、能力差距分析，然后进行迭代推演，验证能力项取值对体系作战能力的影响及能力符合程度，生成能力清单。

图 4-5 的方案中包含两类迭代循环：一是针对固定能力项的不同能力值的迭代循环，选取不同能力项取值进行智能推演，迭代优化最佳能力取值；二是针对

不同能力项的迭代循环，通过在不同能力项之间进行仿真对比，迭代优化出完成既定作战任务对各能力项取值的需求。通过上述两个优化循环，对体系能力进行验证和优化，生成优化的能力清单。

4.4 装备能力需求裁剪与分类

装备和体系内交互关系的复杂程度是随着体系能力的增加而呈指数增加的，因此需要在对核心作战任务不断更新迭代的基础上，对装备的能力需求进行适当的裁剪和分类调整。

体系中各作战实体的性能需要调整，而装备的能力需要取舍[28]。装备的作战任务确定是一个反复迭代的研究过程，而能力需求的裁剪与分类则是一个从装备作战任务中提取能力的过程，随着作战任务的迭代，能力需求也随之调整。例如，某型先进作战飞机作战使用研究中，在作战需求文件（operational requirements document，ORD）的基础上提取形成该型飞机的能力目录，该型飞机的作战需求文件是反复迭代的，每迭代一版，就相应地对能力目录进行调整。

装备在执行作战任务时对能力需求的程度不同，因此对能力需求的认识不能一统概之，应该分层次区别对待[29]。根据装备执行作战任务对能力需求的依赖程度，需要将装备所具备的子能力进行裁剪和分类，区分其核心能力、重要能力、延伸能力（衍生能力）不同层次，如图4-6所示。在能力需求分类层次的基础上，可进一步提出能力需求程度（目标值、门限值、具体描述）。

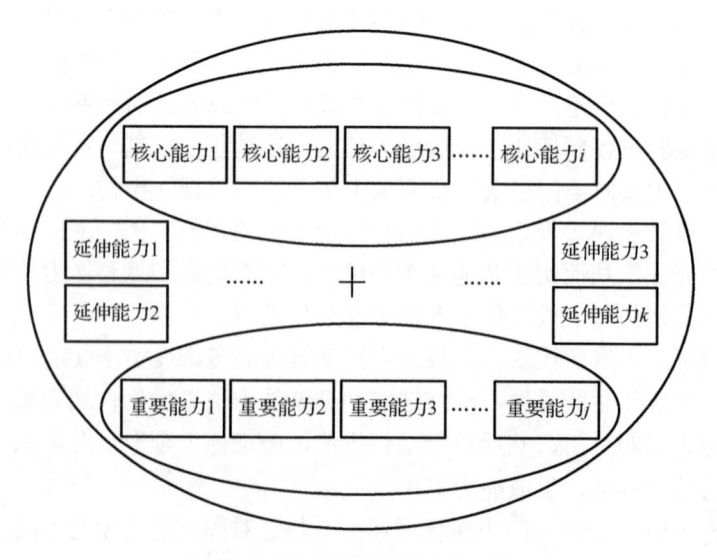

图4-6 装备能力需求分类层次

装备能力需求裁剪与分类的技术研究方法如图 4-7 所示。

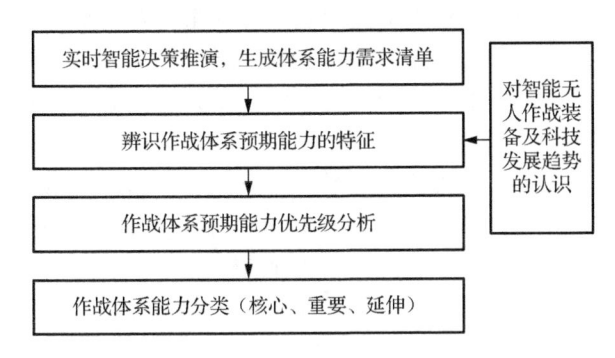

图 4-7 装备能力需求裁剪与分类的技术研究方法

装备能力需求的裁剪与分类可能遇到两种情况：一是能力需求的多元问题，即完成某项作战任务可能需要多种能力来支撑；二是能力需求的多解问题，即不同的能力均可以独立完成相同的作战任务。选择适当的能力组合来满足既定作战任务的要求，是控制装备技术风险的有效途径[30]。装备能力需求多元问题与多解问题处理方法如图 4-8 所示。

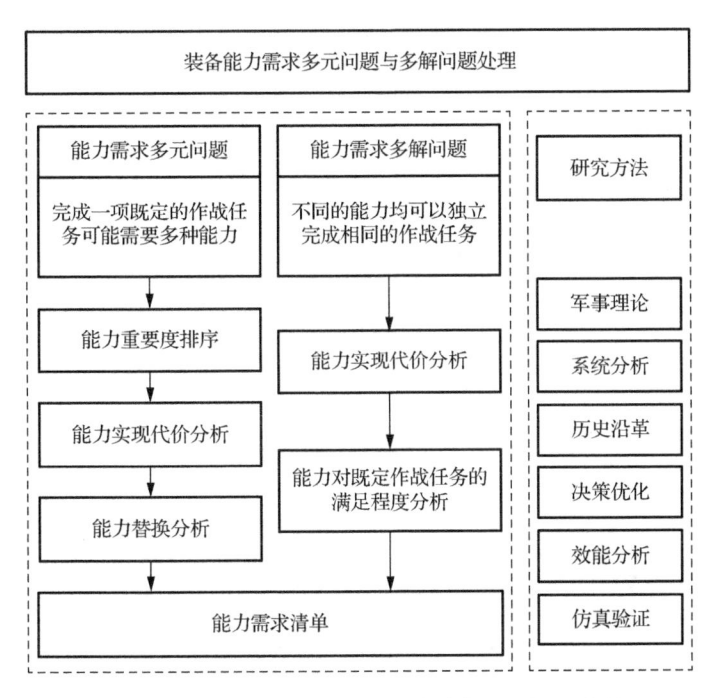

图 4-8 装备能力需求多元问题与多解问题处理方法

对于多元问题或多解问题，需要区别对待，制定不同的评估准则，以评估准则为判据指导能力的选择。对于多元问题，可以在能力重要度排序、能力实现代价分析、能力替换分析等研究的基础上择优构建能力需求清单；对于多解问题，则可以在能力实现代价分析、能力对既定作战任务的满足程度分析的基础上择优构建能力需求清单。

装备能力需求与分类方法是一个军事理论、战术战法、装备技术、数学方法、计算机仿真、运筹学等多学科高度综合和融合的研究，研究结果是一个基于综合、耦合、权衡、平衡、取舍、验证、评估基础的输出。

第 5 章　LCC 分析理论与方法

随着装备性能的不断提高，不仅装备的研制、生产成本日益增大，而且装备的日趋复杂、精密，对使用与维护的要求也日趋严格，使得武器系统的使用与维护费用急剧上涨。装备管理部门不能再把装备系统的研制费、采购费与使用和维护费分割开来考虑，而必须把这几者结合起来，从系统角度，对装备系统的寿命周期费用（LCC）进行总体考虑。

装备寿命周期费用分析是对装备发展全过程的费用分析研究的一种系统方法。从实质上，装备寿命周期费用分析更注重的是系统思维理念和系统管理方法。

5.1 引　言

在装备的发展过程中，不能将装备的研制费、采购费和维持费分别管理，而是要在装备研制的论证阶段就进行全面的综合考虑和管理。实践证明，维持费在装备的设计阶段就基本确定，为达到装备系统总体的经济性，则需要从装备寿命周期费用角度进行研究。

5.1.1 基本概念

在装备发展论证阶段，对新型装备系统的费用进行分析具有十分重要的意义。当决定发展某型装备后，从新装备的型号研制到新装备投入使用直至报废退役，通常要经历相当长的时间，这个时间过程称为装备的寿命周期[31]。随着技术更新速度的加快，装备因技术陈旧而更新的速度也相应加快。

装备的寿命周期是指装备从立项论证开始到退役处理的整个时间历程。不同类型的装备，其全寿命周期的阶段因性质、功能、复杂程度等的不同而有所不同，但大致分为需求论证、方案论证、工程研制、生产部署、使用保障、退役处理等阶段。

作为装备系统的管理和使用部门，在研制新型装备阶段要投入研制费；在给部队配备新型装备阶段要支出采购费；在该型装备使用阶段需支出维持费（包括维护费、维修费、消耗费、人员费等）；在装备报废或退役时要支出相应的退役处理费用。所有这些费用的总和称为寿命周期费用。

在新型装备系统的发展过程中，进行寿命周期费用分析的目的是提出装备系统在其寿命周期内的费用构成，准确地估算或预测装备系统在寿命周期内的各项费用，对装备系统的周期寿命费用做出评价，对各项费用进行科学合理的设计，最终达到使新型装备的作战使用目的和任务与所投入的费用相匹配。

寿命周期费用分析的基本内容包括费用构成分析、费用估算分析、寿命周期费用评价、系统费用设计等。

（1）费用构成分析依据新型装备系统的寿命剖面分析装备寿命周期内的主要费用项目，这些费用项目确定了该装备系统寿命周期费用的大体轮廓。

（2）费用估算分析根据各费用构成项目的费用特点，应用相应的费用估算方法，对装备系统寿命周期费用所包括的主要项目按一定的精度要求进行预测。

（3）寿命周期费用评价为选择最优型号方案提供费用参照，对新型装备进行效益分析，通过费用效果模型研究新型装备系统的发展目标、系统效益与费用是否匹配。

（4）系统费用设计则是在装备系统发展过程中，与装备战术技术性能协调同步、反复进行的权衡研究，研究达到某种性能与所需经费之间的权衡关系，并研究费用投入的强度和时间之间的权衡关系。

5.1.2 影响因素

构成装备性能整体的众多特性中，有些特性只影响采购费用，有些则不仅影响采购费用，更影响后期费用，这些特性是影响寿命周期费用的主要因素，如装备的可靠性、维修性、保障性等，其中可靠性又是维修性和保障性的决定因素。图 5-1 描述了可靠性与寿命周期费用的关系。

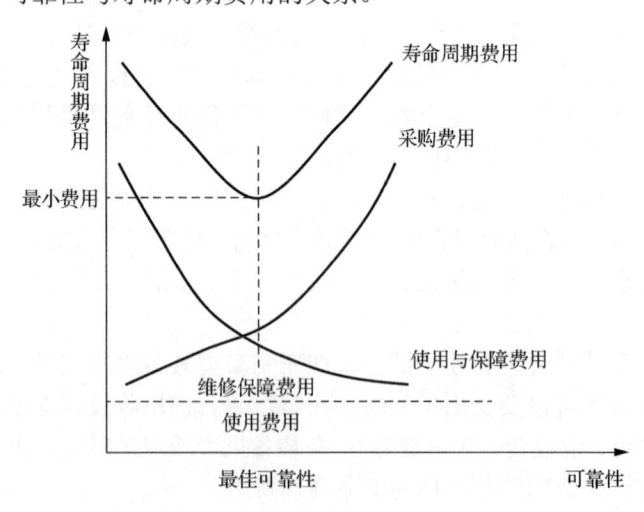

图 5-1　可靠性与寿命周期费用的关系

提高装备的可靠性，采购费用一般会增加，但维修保障费用会相应减小，当改善可靠性的费用在采购费用中的增额等于维修保障费用节约的份额时，寿命周期费用将趋于最小，相应的寿命周期费用最小时的可靠性为最佳可靠性。可靠性工程的实践表明，可靠性是设计出来、制造出来、管理出来的。装备研制前期对可靠性的投资十分值得，它可为后期节约几倍甚至几十倍的费用。

装备研制的实践表明，早期的决策对寿命周期费用有着决定性的影响。图 5-2 描述了各阶段决策与寿命周期费用的关系。虚线表示装备在其寿命周期各阶段所形成的费用的累积值；实线则表示各阶段对寿命周期费用的影响程度。

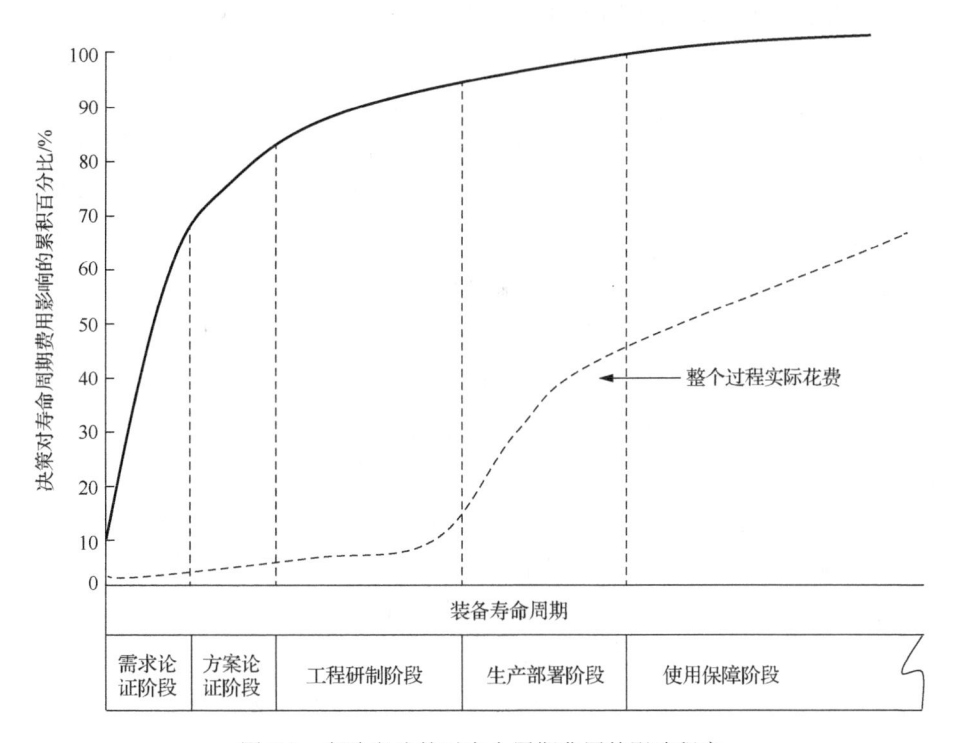

图 5-2 各阶段决策对寿命周期费用的影响程度

从图 5-2 中可看出早期正确决策的重要性。在需求论证阶段结束时，虽然只花费了装备寿命周期费用的极少部分，但却将装备寿命周期费用的 70%确定下来；到全面工程研制之前，花费的费用占到寿命周期费用的 3%，但固定了寿命周期费用的 85%；到详细设计和研制阶段结束，实际上装备的寿命周期费用已被完全确定下来，在此之后的各种决策，对降低装备寿命周期费用的作用微乎其微。

因此，必须在装备寿命周期的早期，充分重视可靠性、维修性、保障性的论证、设计和验证，这是降低装备寿命周期费用最基本和最有效的途径。早期的少量投资会大幅减少装备的寿命周期费用，即可以大量节省装备后期的使用保障费用。

5.1.3 分析过程

装备寿命周期费用分析实际上是在装备的性能、研制进度和费用之间进行综合权衡的过程。

在立项论证阶段，首先确定设计、试验、生产、使用、保障等费用指标，初估各备选方案间有关寿命周期费用的差异，并初步权衡性能、进度和费用。

在初步设计阶段，进一步确定费用指标，并将指标分配到分系统或设备，以便按费用设计，找出影响费用的关键性因素，识别费用大项，分析、预测每一个备选方案的寿命周期费用，进一步权衡性能、进度和费用。以上过程是一个反复迭代的过程。

从详细设计的历史经验看，装备硬件的初始采购费用低并不能保证装备的寿命周期费用也低。实际上，装备寿命周期费用的大部分是使用与保障费用，装备系统费用的大部分消耗在使用与保障阶段。

在生产与部署、使用保障和退役处理等阶段，寿命周期费用分析的主要工作则是收集费用资料，为装备的改进、改型和新装备的研制提供依据。

寿命周期费用分析的主要活动如图 5-3 所示。

寿命周期费用分析的基本步骤如下：

（1）确定系统寿命周期费用构成。确定设计、试验、生产、使用、保障等费用指标，并初步权衡性能、进度和费用。

（2）建立费用模型。建立系统和各项目的费用模型，为费用分配和优化提供基础。

（3）估算系统寿命周期内各项费用。依据费用模型和历史经验，估算装备系统寿命周期内的各项费用。

（4）分析系统寿命周期费用。对估算的费用进行分析，对照费用指标，权衡性能、进度和费用，优化安排。对性能、进度和费用进行权衡，提出建议和措施。

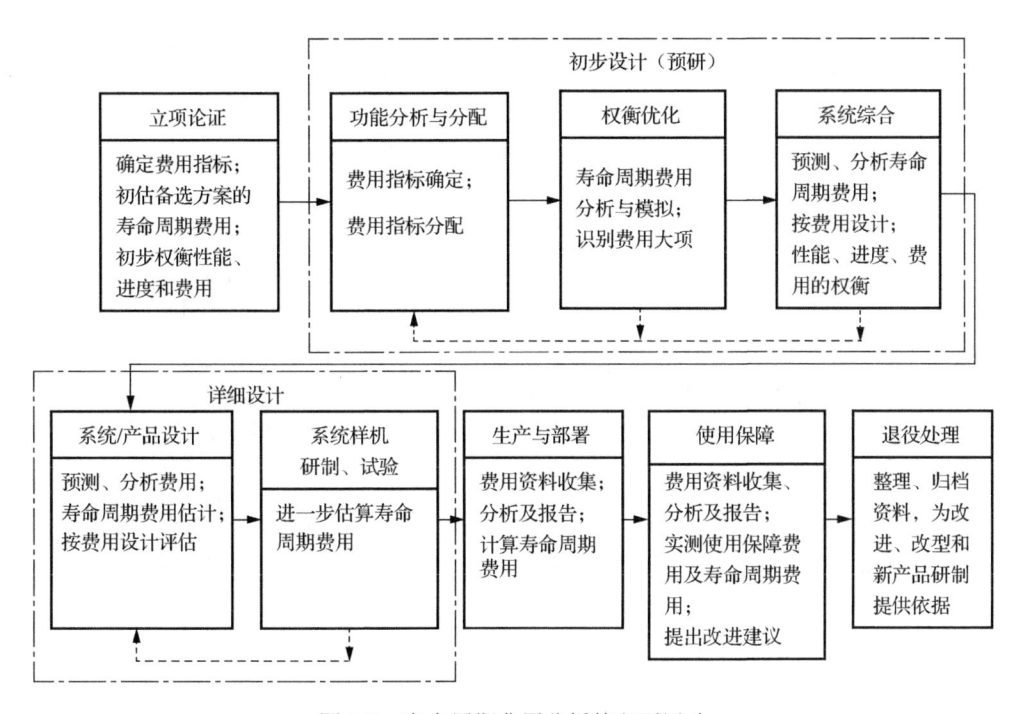

图 5-3 寿命周期费用分析的主要活动

5.2 寿命周期费用模型

费用模型是对装备费用的抽象描述,一个适用的寿命周期费用模型应包括能对组成寿命周期费用的每一个费用单元进行费用估算的项目和因素。

5.2.1 费用分解结构

为估算寿命周期费用,需要将总费用分解成各个费用单元,估算各费用单元的费用,再累加得出总的费用,这种分解过程称为费用分解。费用分解按软件、硬件和寿命周期各阶段的工作项目进行,将寿命周期费用逐级分解,直至得到基本费用单元,分解所构成的按序分类排列的费用单元体系称为费用分解结构。费用分解结构实际上就是装备系统的费用构成结构。

一般情况下,装备系统的费用按其寿命周期所经历的阶段由论证与研制费、生产与购置费、使用与保障费和退役处置费 4 部分构成[32]。典型装备的寿命周期费用分解结构如图 5-4 所示。

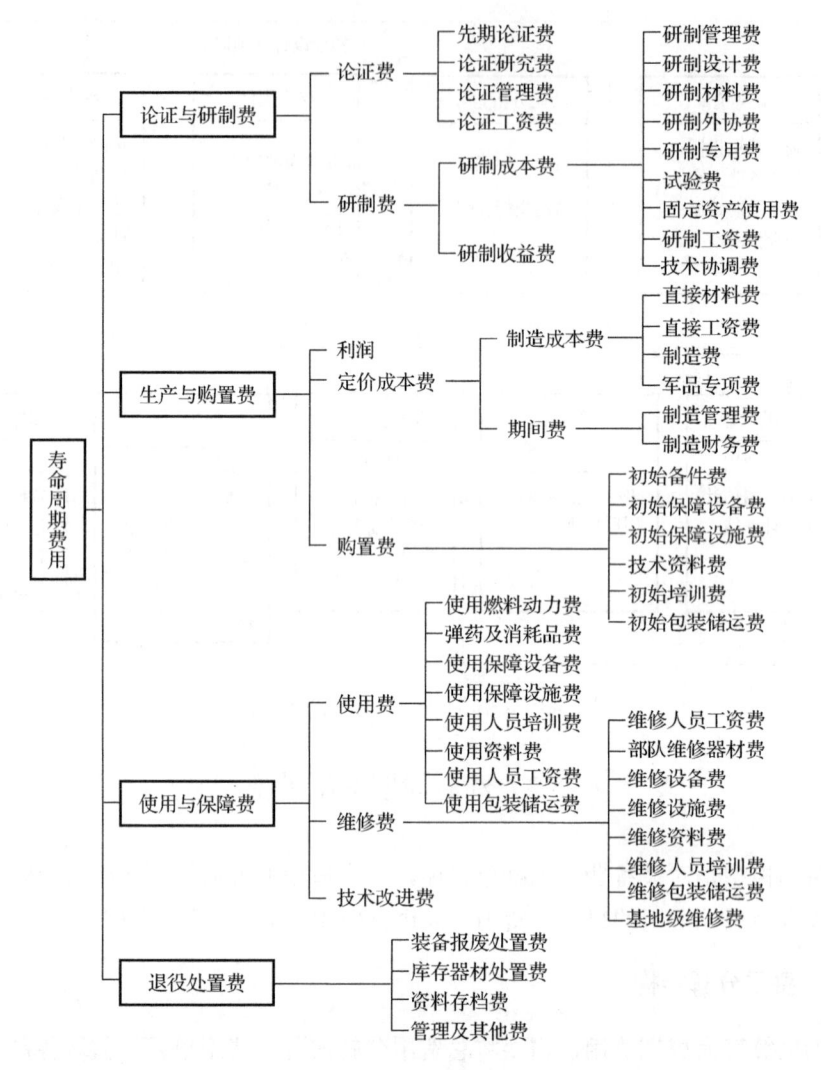

```
                          ┌─ 先期论证费       ┌─ 研制管理费
                          │  论证研究费       │  研制设计费
                ┌─ 论证费 ─┤                  │  研制材料费
                │         │  论证管理费       │  研制外协费
                │         └─ 论证工资费       │  研制专用费
   论证与研制费 ─┤                            │  试验费
                │         ┌─ 研制成本费 ──────┤  固定资产使用费
                └─ 研制费 ─┤                  │  研制工资费
                          │                  └─ 技术协调费
                          └─ 研制收益费
                                              ┌─ 直接材料费
                                              │  直接工资费
                ┌─ 利润                       │  制造费
                │  定价成本费 ┌─ 制造成本费 ──┤  军品专项费
   生产与购置费 ─┤             │               │
                │             │               │  制造管理费
                │             └─ 期间费 ──────┤
                │                             └─ 制造财务费
                │                              ┌─ 初始备件费
                │                              │  初始保障设备费
                │                              │  初始保障设施费
                └─ 购置费 ─────────────────────┤  技术资料费
                                               │  初始培训费
                                               └─ 初始包装储运费
```

图 5-4 典型装备的寿命周期费用分解结构

费用分解结构也可采用矩阵形式描述，以费用项目为行，导弹系统结构组成的各部分为列可构成费用矩阵，描述装备系统的寿命周期费用的构成。建立了费用分解结构，即可对各费用单元的费用进行估算。

5.2.2 费用估算方法

寿命周期费用的估算方法有相似费用法、参数费用法、工程费用法、等工程费用比值法、专家判断法五种。这五种方法各有其应用条件和适用范围，可根据所掌握的信息量和估算目的选用，也可以同时采用几种不同的方法进行估算，或以一种方法为主，部分采用其他方法。

1. 相似费用法

相似费用法也称为类推法，是基于相似产品和技术的经验进行费用估算的方法，是一种类比分析方法，即根据已知费用的系统推算被估算系统的费用。相似费用法在新产品研制的初期阶段较为适用。

一般情况下，装备发展具有很强的继承性，即使是全新的装备，也会采用许多成熟的技术。相似费用法使用来自信息系统的历史数据，并对历史数据进行必要的修正，以反映技术进步和费用升级的影响。

采用相似费用法首先要确定一个已有的相似装备作为参照系，从技术、使用与保障方面进行比较，分析两者的差异对装备费用的影响。通过差异分析得出费用修正方法，修正相似装备的实际数据。在此基础上，推导出新装备的费用估算值。

在寻找不到一个整体上相似装备的条件下，可将装备分解为分系统，利用分系统的相似性进行类比。

采用相似费用法时，应具有相似产品准确的费用数据和技术资料，分析人员要对新、旧产品之间的相似程度做出主观评定。相似费用法的缺陷在于评定带有很大的主观色彩，在许多情况下，由于技术差异对费用的影响是主观确定的，用相似费用法做出的费用估计可能有偏差。

2. 参数费用法

参数费用法利用同类装备系统的历史统计数据，选取同类装备具有代表性的、对费用敏感的物理与性能参数和变量，运用回归方法建立估算关系式，进而估算新研制装备系统费用的一种方法。参数费用法是一种自上而下的费用估算方法。

使用参数费用法时，首先要确定典型的且与费用相关的参数和变量，其次用现有数据进行曲线拟合，最后通过拟合曲线将费用与参数联系起来。导弹武器系统的飞行性能参数、结构性能参数，如导弹的飞行速度、射程、质量、体积等参数均可以与费用联系起来，并通过统计回归技术进行曲线拟合。自上而下的参数费用估算方法利用统计回归分析技术，通过在统计回归分析中增大样本量，即可以提高估算精度，减小估算风险。参数费用法简单、经济，并可以分析某些特征参数的变化对系统费用的影响，因此被普遍采用。

建立费用参数关系式的首要任务是确定与装备系统费用有关的特征参数。特征参数的选取一般应基于同类装备的费用数据库，而后采用关联度分析技术确定。

参数费用法适用于装备系统发展计划的早期阶段，此方法要求输入的参数较少、估算快、花费少。参数费用法有助于分析装备系统计划或设计方案发生变化时的费用。

参数费用法的主要缺陷是要求新研制的装备系统必须与现有的装备系统具有足够的相似性，该方法不适用于继承性较少的全新系统，对于大量采用新技术或具有独特设计特性的系统也不易获得可靠的结果。

3. 工程费用法

工程费用法也称为技术分析法，是一种传统的自下而上的费用估算方法，也是最普遍且最详细的费用估算方法之一。工程费用法直接按费用分解结构估算基本费用单元的费用值，然后自下而上逐项累加得出寿命周期费用的估算值。

使用工程费用法时，需对系统进行全面描述，拟定装备系统研制中应完成的全部工作的详细图表和装备系统结构的部件表，根据表中所列的各个项目，逐项进行详细而准确的估算。工程费用法的特点是详尽、具体、费时费力，但精度较高，可达到90%。工程费用法可以和"经验曲线"结合使用。工程费用法需要自下而上地按任务要求、工程进程和结构特点逐项进行估算，因而工作任务量繁重，且十分复杂。

工程费用法适用于详细设计阶段，因此时系统的方案已选定，战术技术要求已明确，功能基线和分配基线已确定，系统布局已基本安排妥当，技术途径和数据资料都有较大把握性。在此情况下采用工程费用法估算寿命周期费用的精度较高。

应用工程费用法的条件是需要具有每个基本费用单元的特征值以及它们与费用的转换因子。使用工程费用法时，也可对某些费用单元采用其他费用估算方法进行估算。

4. 等工程费用比值法

等工程费用比值是指两个国家各自研制同型装备系统，按各自的经费统计口径计算所需费用的比值（按各自货币计算或同一货币计算均可）。获得这一比值后，再根据参照国该项目发展费用的发生情况估算本国同型号项目发展费用的发生量。例如，20世纪60年代早期，欧洲航天界就曾借用美国的大量航天技术经济数据，通过欧洲与美国研制成本费用的分析比较，对欧洲航天技术发展项目的费用进行预测和估算。

等工程费用比值法简单易行,但需要比较研究不同国家的经济技术指数和特点,进行多方面和多因素的修正,工作较为繁杂,估算精度较低。

对于估算高科技和新型项目的发展,由于具有较多的不确定因素,在国内缺乏参考数据的情况下,可采用等工程费用比值法进行费用估算。

5. 专家判断法

专家判断法是一种经验估算费用的方法,一般由各部门(领域)的专家根据经验独立进行主观判断、估算,然后对结果进行综合获得费用估算值。

专家判断法是一种定性估算方法,当数据不足、参数费用关系难以建立或项目定义不足时,通常采用专家判断法。

采用专家判断法所获得的费用估算值是由各部门的专家做出的,因此各项经费获得了各部门专家的认可。这对于项目合同签订后的经费分配较为有利,但技术专家不一定都适合做费用估算。同时由于各部门业务交叉,难免会产生项目遗漏或重复,因此采用专家判断法的效率较低。

费用估算的质量取决于所使用的费用估算方法,各种方法在装备发展的不同阶段具有不同的适应性。相似费用法、参数费用法、等工程费用比值法和专家判断法适用于在装备发展的论证和方案阶段应用;工程费用法则适用于方案阶段的后期,即装备的基本框架已较为清晰后应用,工程费用法是装备发展方案阶段以后的主要费用估算方法。

5.3 寿命周期费用估算

寿命周期费用估算的目的是求出装备的寿命周期费用及寿命历程中各年度、各阶段的费用值和重要项目的费用值等,以便了解装备的费用分布并在需要运用费用因素做决策时,提供有效的信息。寿命周期费用估算是对装备进行定量经济分析的重要和基础性的工作。寿命周期费用估算的一般流程如图 5-5 所示。

1. 拟定估算目标

根据估算所处的阶段及估算的具体任务,拟定估算目标(估算寿命周期费用或主要费用单元的费用或某分系统、设备的费用等)和估算精度要求。

2. 明确假设和约束条件

估算之前要明确假设和约束条件,一般包括装备研制的数量、进度、部署方案、供应和维修机构的设置、使用方案、保障方案、维修要求、任务频度、使用年限、利率、物价指数、报废处置等要求。

```
         ┌─────────────────┐
         │   拟定估算目标   │◄──────┐
         └────────┬────────┘       │
                  ▼                │
         ┌─────────────────┐       │
         │ 明确假设和约束条件 │      │
         └────────┬────────┘       │
                  ▼                │
         ┌─────────────────┐       │
         │  建立费用分解结构 │       │
         └────────┬────────┘       │
                  ▼                │
         ┌─────────────────┐       │
         │  选择费用估算方法 │       │
         └────────┬────────┘       │
                  ▼                │
         ┌─────────────────┐       │
         │  收集和筛选数据   │      │
         └────────┬────────┘       │
                  ▼                │
         ┌─────────────────┐       │
         │选择或建立费用估算模型│    │
         └────────┬────────┘       │
                  ▼                │
              ╱需要进行不╲  否      │
             ╱定性因素及敏╲─────┐   │
             ╲感性分析吗？╱     │   │
              ╲         ╱      │   │
                  │是           │   │
                  ▼             │   │
         ┌─────────────────┐    │   │
         │不确定性因素及敏感性分析│◄──┘   │
         └────────┬────────┘        │
                  ▼                 │
              ╱满足估算╲    否       │
             ╱  目标吗？ ╲─────────┘
              ╲        ╱
                  │是
                  ▼
         ┌─────────────────┐
         │    输出结果      │
         └─────────────────┘
```

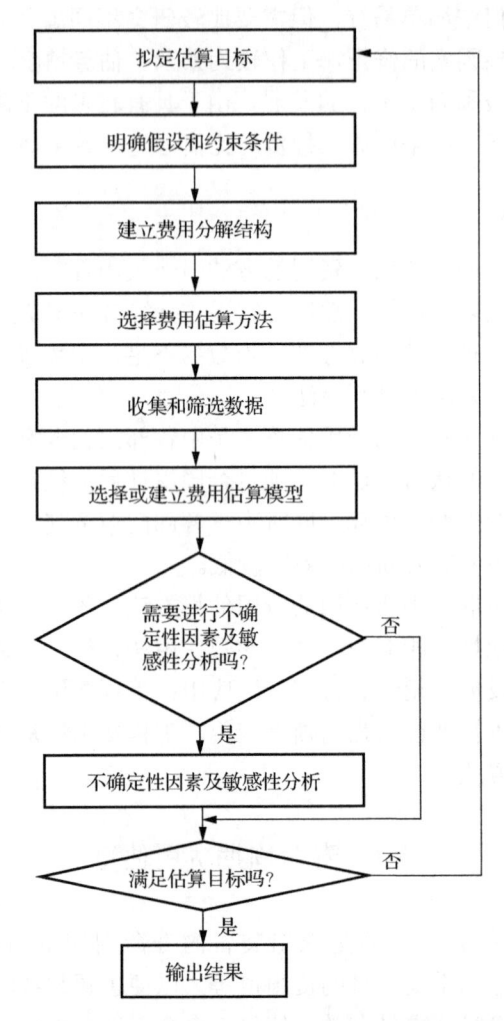

图 5-5　寿命周期费用估算的一般流程

3. 建立费用分解结构

根据估算的目标、假设和约束条件，确定费用单元并由上而下逐级建立费用分解结构。建立费用分解结构要全面考虑收集费用数据的可能性与可行性。确定的费用单元最好与现行财务费用类目标相协调，以便很好地利用历史数据。

4. 选择费用估算方法

5.2.2 小节所介绍的 5 种费用估算方法各有其应用时机和条件，可依据方法的适用阶段进行选用。可采用不同的费用估算方法对同一项目或阶段的费用进行估算，然后比较不同方法的估算结果，从中可能发现不易暴露的潜在问题，并可提高估算结果的可信度。

5. 收集和筛选数据

数据是建模的基础和计算的依据，估算的成功程度取决于数据的满足程度和可信程度。

6. 选择或建立费用估算模型

根据估算要求和费用分解结构，选择适用的模型或针对特定任务建立费用估算模型进行费用估算。

建模时要根据因变量（费用单元的费用）的物理和性能特性确定自变量（费用主导因素），所选择的自变量应独立并与所估算的费用具有一定的对应关系。然后依据所收集数据的属性，选择适当的费用关系式（一元、多元、线性、非线性、幂指数等），通过适当的拟合方法建立费用估算关系式，并通过相关系数检验和方差分析等检查关系式的统计特征。

利用估算关系式进行费用估算，在估算时要充分考虑费用的时间价值。

7. 不确定性因素及敏感性分析

寿命周期费用估算的置信程度取决于信息的可用性、所做假设的合理性、输入数据的准确性等。

新装备的发展存在诸如项目初期缺少信息、采用新技术的风险等不确定性因素，因此所做估算存在较大的不确定性，这增加了决策的风险。为减少估算中的风险，需对费用主导因素和其他重要变量或参数的潜在值范围进行敏感性分析。敏感性分析的主要步骤如下。

（1）确定分析目标，是对寿命周期费用整体的分析，还是对某个费用单元费用的分析。

（2）确定影响分析目标的关键性变量或参数。

（3）取这些变量或参数可能变化的极限值，形成合适的数值序列，逐个进行各数值下的寿命周期费用估算，得出目标值的变化。在某个参数变化的同时，其他参数保持不变。

（4）以表格或图形的形式描述计算结果。

（5）对结构进行综合分析，找出敏感因素，为决策提供支持信息。

图 5-6 为某型飞机使用与保障费用的敏感性分析结果。

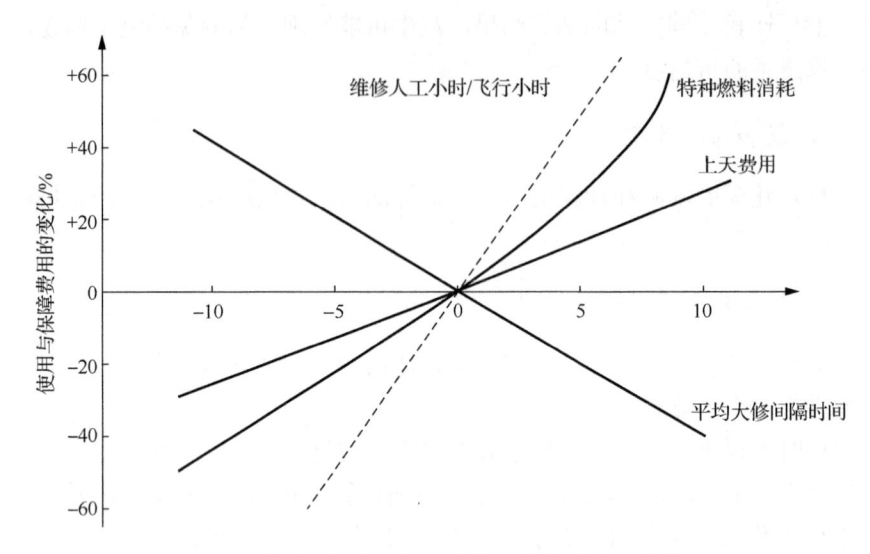

图 5-6　某型飞机使用与保障费用的敏感性分析结果

从图 5-6 的分析看出，每飞行小时所需的维修人工小时和平均大修间隔时间这两个因素对使用与保障费用影响最大，在决策时应充分重视。

8. 评价估算结果

评价估算结果，检查是否满足估算目标的要求，如不满足，则需分析原因，并按流程重新或从中间开始再次估算，直至满足要求为止。

9. 整理估算结果

整理估算结果，按规定要求编写寿命周期费用估算报告。报告一般分为以下 3 个部分。

（1）按估算流程详细叙述和论证每一部分的工作内容及做法。
（2）将计算得到的数值制成表格并绘制费用分布图。
（3）初步的分析、评价及建议等。

5.4　寿命周期费用评价

寿命周期费用评价是一种以寿命周期费用的区别对多个备选方案进行识别和比较的过程。寿命周期费用评价的流程如图 5-7 所示。

第 1 步是确定装备研制所要达到的目标。

第 5 章 LCC 分析理论与方法

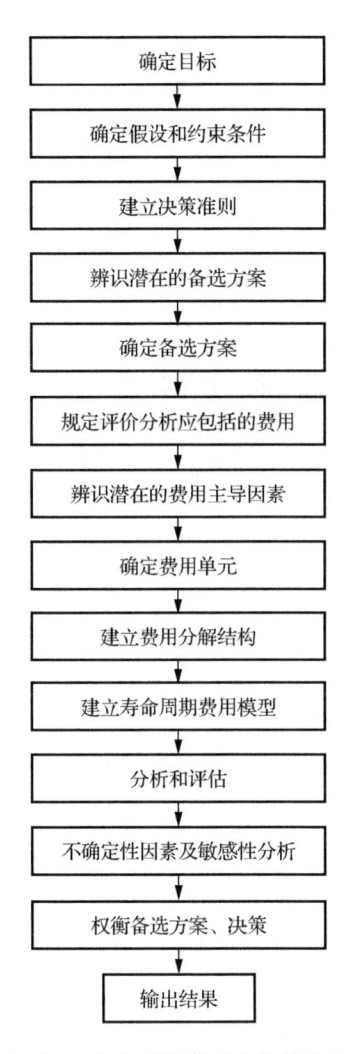

```
确定目标
   ↓
确定假设和约束条件
   ↓
建立决策准则
   ↓
辨识潜在的备选方案
   ↓
确定备选方案
   ↓
规定评价分析应包括的费用
   ↓
辨识潜在的费用主导因素
   ↓
确定费用单元
   ↓
建立费用分解结构
   ↓
建立寿命周期费用模型
   ↓
分析和评估
   ↓
不确定性因素及敏感性分析
   ↓
权衡备选方案、决策
   ↓
输出结果
```

图 5-7 寿命周期费用评价的流程

第 2 步是依据装备的性能、使用环境等要求，确定假设和相应的约束条件，明确研究范围。

第 3 步是建立决策准则，决策准则是权衡备选方案的依据，应根据评价项目的目标及早确定。决策准则的度量有多种，如总现值、年平均费用、偿还期限、内部收益率等。

第 4 步和第 5 步是为了既不漏掉有潜在效益的方案，又使备选方案的数量保持在合理范围内。方案筛选的判据包括：技术上是否可行、操作上是否现实、进度是否符合要求、风险是否可接受、投资是否适宜、是否符合现在和将来的法律要求等。

第 6 步是规定评价分析应包括的费用，删除那些关系不大或所有方案共同具有的费用，以减少评价的工作量。

第 7 步是辨识潜在的费用主导因素，突出主要问题，以使分析和评价工作更为有效。

第 8 步是为确定估算主导费用所必须的最低层次和最少数目的费用单元，为构建费用分解结构提供支持。

第 9 步是根据评价要求和费用分解结构，选择或建立适用的费用模型以进行费用计算，计算时应考虑费用的时间价值。

第 10 步是确定影响分析目标的关键性变量或参数，对结果进行综合分析，找出不确定性因素，为决策者提供支持信息。

最后是权衡评价结果，分析是否满足评价要求，对备选方案进行比较、排序，形成决策意见或建议。

寿命周期费用评价是一个反复迭代的过程，在任何一个工程项目中都会有多次迭代过程，或是增加了新的方案，或是修改了初始假设和约束，或是根据上一次输出的结果修改了目标。寿命周期费用评价包含多项工作，可根据研究的需要进行剪裁。

5.5　寿命周期费用管理

寿命周期费用管理是以寿命周期费用最小为目标，对装备寿命周期各阶段必须进行的寿命周期费用技术活动的计划、组织、监督、协调以及对寿命周期费用的控制活动[33]。寿命周期费用管理从寿命周期费用角度出发，提供决策和控制费用的信息。

寿命周期费用管理包括以下内容。

（1）建立原则。建立费用管理的各项原则。

（2）制定政策和规定。制定有关寿命周期费用管理的政策和规定，如规定寿命周期费用是招标必须权衡的指标，明确费用单元的内涵，对数据和建模方法提出要求等。

（3）制定程序和措施。制定寿命周期费用管理和控制的程序与措施，包括明确目标、制定管理大纲和计划、确定费用评审内容、建立费用数据库和信息传输渠道等。

（4）应用寿命周期费用技术。在寿命周期费用各阶段应用寿命周期费用技术，为决策提供有效的费用信息。

（5）严格控制。对已批准项目的寿命周期费用采用定费用设计、可靠性改进保证和寿命周期费用采购等措施严格进行控制。同时严格掌握进度，经验表明，时间进度的拖延必然带来费用的增长。

寿命周期费用管理在各阶段的基本任务如下。

（1）论证阶段。粗略估算费用，以获得费用可行性的信息，为项目立项提供依据。在此基础上，初步明确费用的主导因素和制定费用设计的指标等。

（2）方案阶段。进一步估算寿命周期费用并作为决策准则以权衡各备选方案，优选出在费用、进度、性能之间达到最佳平衡的装备设计方案、生产方案、使用方案和保障方案等。

（3）研制阶段。进一步细化寿命周期费用的估算和分析，修正以前估计的结果。随着研制工作的进展，寿命周期费用将从设计要素转化为项目控制要素，以保证研制出的装备符合性能和费用要求。

（4）生产阶段。精确估算出各项费用，并开展生产工程、价值工程工作，以控制和降低寿命周期费用。

（5）使用阶段。利用已发生的费用信息，继续估算和验证寿命周期费用，提出装备更新、改进、延寿以及使用与维修的改进措施，以降低寿命周期费用。

（6）退役阶段。确定装备残值，控制报废处置费用。整理、积累各种费用资料，计算寿命周期费用的实际值，归档资料并向装备管理和研制部门反馈信息。

第6章 效费分析理论与方法

规划发展装备系统时，效能、费用、时间是决策者最关注的三项要素，若再加上风险项，则从系统角度考虑，评价装备系统的4项要素为效能、费用、时间、风险。和平时期，时间要素和风险要素也可转化为费用要素，因此在评价装备系统时，4大要素可转化为2大要素，即效能和费用。

研制发展任何一种装备系统都需要考虑以尽可能少的资源消耗，获得尽可能高的性能。在装备系统的设计、研制、生产和使用过程中，效能-费用（效费）是衡量或评价各系统方案优劣的准则。

在《中国大百科全书》中，效费分析的定义：定量分析武器系统费用与效能的关系，选择其优化方案的方法和活动。

美国陆军装备司令部将效费分析定义为根据系统所得的利益与系统所消耗的资源，比较能满足任务要求的各个方案的过程。

效费分析是针对一项确定的任务而言。针对一项需要完成的任务，可规划几个可满足完成任务要求的方案，利用效费分析从中选取一个较优方案。

效费分析是一个复杂的多目标决策分析过程，涉及许多专业领域，要求各领域专家通力合作，并要求分析专家具有十分宽广的知识储备。

效费分析的目标，通常是在完成既定任务的效能水平一定的前提下，将费用（资源）消耗减小到最低限度。效费分析有三种可能的途径：一是在固定经费的条件下，研究能达到最高效能的方案；二是在确定效能的条件下，获取费用最低的方案；三是在费用允许的范围内，选取效能最优的方案。

6.1 效能分析

一般而言，装备效能评估包括技术评价、成本与效益分析、作战效能评价等方面的内容。同时，装备效能评估与作战方案模拟、战法模拟具有紧密的联系。效能分析是效费分析的基础。

6.1.1 基本概念

装备效能是指在特定的条件下，装备被用来执行规定任务时，所能达到预期目标的程度。装备效能是对装备的多元度量，不同的角度可以有不同的效能内涵[34]。

装备与人员组合的效能度量为装备作战效能，装备作战效能是指装备在作战中发挥作用的有效程度，即装备作战效能是指一定的军事力量（包括人员和武器系统）、在一定的环境条件下、按一定的行动方案所执行的作战行动所能达到预期可能目标的程度。

根据研究的需要，在装备系统发展论证中，可将效能分为三类。

（1）单项效能，是指运用装备系统时，就单一使用目标而言，装备系统所能达到的程度，如防空武器系统的射击效能、探测效能、指挥控制通信效能等。单项效能对应的作战行动是目标单一的作战行动，如侦察、干扰、布雷、射击等火力运用与火力保障的各个基本环节。

（2）系统效能（综合效能），是指装备系统在一定条件下，满足一组特定任务要求的可能程度，是对装备系统效能的综合评价。系统效能是预期一个系统能满足特定任务要求程度的度量，是系统的有效性、可信赖性和能力的函数。系统效能是装备系统发展论证中主要考虑的因素。

（3）作战效能（兵力效能），是指在规定条件下，运用装备系统的作战兵力执行作战任务所能达到预期目标的程度。执行的作战任务应覆盖装备系统在实际作战中可能承担的各种主要作战任务。作战效能涉及整个作战过程，是所有装备系统的最终效能和根本质量特征。

效能分析就是根据影响装备效能的主要因素，运用一般系统分析方法，在收集信息的基础上，确定分析目标，建立综合反映装备达到规定目标的能力测度算法，最终给出衡量装备效能的测度与评估。

6.1.2 效能度量

效能度量是效能大小的尺度，是系统达到其任务目标程度的度量，可用完成一项任务剖面的概率描述；或用与任务目标有关的期望效果值描述。期望效果值是可度量的物理量，如功率、射程、通信速率、杀伤威力等系统实体性能参数。

由于效能的内涵随研究角度的不同而具有不同的具体内容，因此效能度量也随着研究角度的不同而具有不同的表现形式。

在进行效能分析时，所确定的效能度量应能综合反映装备达到规定的使用目标的能力。一般情况下，装备均具有多样性的目标，同一装备完成不同任务目标的能力各不相同，其度量方式也不尽相同，目标的多样性决定了效能度量的多样性。在进行效能分析时，效能度量要根据具体装备的功能和使用目标等情况确定，即根据功能与目标确定效能度量。

多数情况下可能难以找到单一的效能度量，或采用单一的效能度量综合各指标可能产生预料不到的错误，此时需要用一组指标作为效能度量来描述装备的效能。因此，确定效能度量的重点往往不在于寻求单一度量，而在于将效能与影响效能的因素定量地联系起来。

影响装备效能的因素有装备的固有能力、可靠性、维修性、耐久性、安全性、保障性、生存性、人为因素等。这些因素是装备效能的主要组成部分，它们有着各自的度量，将这些度量与装备的任务目标或分析目的相联系后，即可确定效能度量。

依据效能的分类，装备的效能度量一般有指标效能、系统效能和作战效能 3 类。

(1) 装备的指标效能描述的是装备的单项效能，是对各种影响因素的度量，如对可靠性的度量（平均故障间隔时间，mean time between failure，MTBF）、对射击精度的度量（脱靶量）等均是针对某项特定功能的单项效能度量，即指标效能。根据研究的角度和重点，可选取影响效能的因素中的一个或多个，也可采用多个因素的综合作为效能度量。

(2) 装备的系统效能是利用综合分析技术，从系统角度对影响装备效能的各因素进行综合分析，从而得到单一的度量。系统效能综合程度高，结果为单一数值，便于决策参考。

(3) 装备的作战效能是一种动态效能。装备的指标效能和系统效能均是对装备相对静态效能的度量。当装备被置于作战对抗环境中，敌方装备所具有的效能有可能导致己方装备的部分效能不能产生或发挥，如在复杂电子环境中，防空雷达的探测和跟踪性能可能大幅度下降，并可能遭受敌方反辐射导弹的攻击，遭受破坏而不能正常工作。这种情况下装备所能达到的效能即为作战效能。作战效能可通过对抗模拟仿真计算获得。

在进行效能分析时，可根据分析的目的、所具备的分析条件等恰当地选择使用效能度量，以反映装备完成任务目标的能力。通用的效能度量是不存在的，确定效能度量是效能分析中一项至关重要并较为困难的工作。

6.1.3 效能分析方法

效能分析的目的是对装备系统的效能进行评估。进行效能分析通常包括以下 3 个主要环节[35]。

(1) 构建效能评估指标体系。构建效能评估的指标体系是进行效能评估的基础，是进行效能评估首先需要解决的问题。构建一套简单适用的指标体系是一项具有创造性的工作。

(2) 计算效能指标的数值。根据给定条件，采用不同的方法计算装备系统效能指标的数值。

(3) 由诸效能指标的值求出效能综合评估值。依据计算出的诸效能指标，采用适当的综合方法计算系统效能的综合评估值。对比分析不同发展方案的系统效能评估值，择优选择发展方案。

效能分析的主要任务是计算效能指标。按照不同的标准，效能分析的方法有以下几种。

（1）定性方法。效能分析采用的定性方法主要有 Delphi 法、层次分析法等。单一的定性方法效果并不好，通常采用定性与定量相结合的方法，如模糊综合评估法、灰色关联分析法、聚类分析法、加权分析法、主成分分析法、理想点法、因子分析法等。

（2）解析方法。解析方法利用数学解析表达式描述和求解装备系统的效能，如根据兰彻斯特方程进行效能计算。解析方法的优点是公式直观，便于应用；缺点是考虑的因素较少，对复杂状态下的效能描述偏差较大，通常将解析方法与定性方法结合，相互修正。

解析方法没有统一的模式，根据具体应用问题的物理背景和特点，在简化假设的基础上，应用适宜具体的数学解析方法建模。

效能分析可以采用的解析方法根据其研究的具体装备系统不同而不同。效能模型的构建可采用不同的数学方法进行，如差分法、变分法、梯度法、战略数据规划方法、排队论、对策论、蒙特卡罗法、搜索论、信息论等。

（3）统计方法。应用数理统计的方法，依照实战、演习、试验获得的大量统计数据评估系统的效能指标。应用统计方法的前提是所获得的统计数据特性可以清楚地用模型表示并相应地加以利用。

（4）作战仿真方法。作战仿真方法能较详细地考虑影响实际作战过程的各种因素，因而是进行系统效能评估的有效方法。作战仿真方法对装备系统作战效能评估具有不可替代的重要作用。装备系统的作战效能只有在对抗条件下，以具体的作战环境和一定兵力编成为背景的基础上才能有效评估，而这种条件和环境只有通过作战仿真才能实现。计算机网络和仿真方法的发展为作战仿真方法提供了良好的基础条件和环境。

6.2 系统效能模型

系统效能作为系统完成其任务剖面能力的度量，适用于各种不同的系统。由于不同的系统具有不同的属性和特点，因此描述其效能也应采用不同的方法。下面介绍 3 种常见和较为成熟的系统效能模型[36]。

1. WSEIAC 系统效能模型

美国的武器系统效能工业咨询委员会（the Weapon System Effectiveness Industry Advisory Committee，WSEIAC）认为系统效能是预期一个系统满足一组特定任务要求程度的度量，是系统可用性、可信性与固有能力的函数。

WSEIAC 的系统效能模型是一个应用最广泛的系统效能模型,该模型将可靠性、维修性和固有能力等指标效能综合为可用性、可信性与固有能力 3 个综合指标效能,并认为系统效能是这 3 个综合指标效能的进一步综合。

可用性是指装备系统在开始执行任务时系统状态的度量,与装备系统的可靠性、维修性、维修管理水平、维修人员数量及其水平、器材供应水平等因素有关。

可信性是指在装备系统开始执行任务时,其所处状态已知的条件下,在执行任务过程中某个瞬间或多个瞬间系统状态的度量。可信性可表示为系统在完成某项特定任务时,将进入和(或)处于该系统完成该项任务的任一有效状态的情况下,且完成与这些状态有关的各项任务的概率。可信性也可表示为其他适当的任务度量。可信性直接取决于装备系统的可靠性和使用过程中的修复性,也与人员素质、指挥因素等有关。

固有能力是指在装备系统执行任务过程中,系统完成任务目标能力的度量。固有能力是系统各种性能的集中体现。

在最简单的情况下,即系统只有工作和故障两种状态,使用效能概念时,需回答以下 3 个问题:

(1) 一个系统在开始执行任务时是正在工作或可工作否?

(2) 若一个系统在开始执行任务时是可工作的,则在执行任务的整个过程中系统能否持续工作?

(3) 若一个系统在执行任务的整个过程中持续正常工作,则系统能否成功完成任务?

在复杂的情况下,则需要回答更多的问题:

(1) 系统在开始执行任务时所处的状态如何?处于该状态的概率有多大?

(2) 系统在执行任务过程中,系统的状态将如何变化?转移概率有多大?考虑维修时情况将如何变化?

(3) 系统在执行任务过程中,系统每一状态、每一状态转移能完成任务的概率有多大?

WSEIAC 的系统效能模型的表达式为

$$E = ADC \qquad (6\text{-}1)$$

式中,E——系统效能;A——可用度向量:

$$A = (a_1, a_2, \cdots, a_n) \qquad (6\text{-}2)$$

其中，n——系统在开始执行任务时的状态数；D——可信度矩阵：

$$D = \begin{bmatrix} d_{11} & d_{12} & \cdots & d_{1n} \\ d_{21} & d_{22} & \cdots & d_{2n} \\ \vdots & \vdots & & \vdots \\ d_{n1} & d_{n2} & \cdots & d_{nn} \end{bmatrix} \tag{6-3}$$

其中，d_{ij}——系统由初始状态 i 经历任务期间到任务结束时转移到状态 j 的转移概率；C——固有能力向量：

$$C = \begin{bmatrix} c_1 \\ c_2 \\ \vdots \\ c_n \end{bmatrix} \tag{6-4}$$

其中，c_j——系统处于状态 j 时完成任务的概率或所能完成的任务量。

计算固有能力向量 C 在很大程度上取决于所评价的装备系统的任务属性，应根据实际问题的特定条件建立能力向量，如采用品质效用函数建立固有能力向量。

装备通常具有多个品质因素，有的品质因素要求越大越好，有的则要求越小越好，还有的要求在一定的范围之内，而且不同的品质因素在装备中发挥的作用也存在差异。为统一品质因素的量纲，对每一个品质因素建立一个适当的效用函数，然后计算不同品质因素的效用函数值。效用函数值是[0,1]的一个实数。

若装备系统有 m 个品质因素 $P = (p_1, p_2, \cdots, p_m)$，其性能值 $d = (d_1, d_2, \cdots, d_m)$，品质因素的权重 $W = (w_1, w_2, \cdots, w_m)$，性能指标的最大值点 $d_{\max} = (r_{\max}^1, r_{\max}^2, \cdots, r_{\max}^m)$，最小值点 $d_{\min} = (r_{\min}^1, r_{\min}^2, \cdots, r_{\min}^m)$。

若品质因素 p_k 要求越大越好，则采用如下形式的效用函数，即

$$\mu_k(d_k) = d_k / r_{\max}^k \qquad d_k \in [r_{\min}^k, r_{\max}^k] \tag{6-5}$$

若品质因素 p_k 要求越小越好，则采用如下形式的效用函数，即

$$\mu_k = 1 + \frac{r_{\min}^k - d_k}{r_{\max}^k} \tag{6-6}$$

若品质因素 p_k 要求为 $[r_1, r_2]$，则采用如下形式的效用函数，即

$$\mu_k = \begin{cases} \dfrac{d_k}{r_1}, & d_k \in [r_{\min}^k, r_1] \\ 1, & d_k \in (r_1, r_2] \\ 1 + \dfrac{r_2 - d_k}{r_{\max}^k}, & d_k \in (r_2, r_{\max}^k] \end{cases} \tag{6-7}$$

品质因素效用函数值的计算结果为

$$\mu = (\mu_1, \mu_2, \cdots, \mu_m) \tag{6-8}$$

应用线性加权法计算系统能力量化值为

$$C_k = \sum_{k=1}^{m} w_k \mu_k \tag{6-9}$$

系统效能 E 的表达式为

$$E = [a_1, a_2, \cdots, a_n] \begin{bmatrix} d_{11} & d_{12} & \cdots & d_{1n} \\ d_{21} & d_{22} & \cdots & d_{2n} \\ \vdots & \vdots & & \vdots \\ d_{m1} & d_{n2} & \cdots & d_{nn} \end{bmatrix} \begin{bmatrix} c_1 \\ c_2 \\ \vdots \\ c_n \end{bmatrix} \tag{6-10}$$

WSEIAC 的 ADC 模型在评价系统效能中得到广泛的应用，针对不同的应用情况，ADC 模型出现了很多修正模型，如 ARC 模型、QARC 模型、KADC 模型和 CADS 模型。

1) ARC 模型

在某些特殊情况下，WSEIAC 的 ADC 模型蜕化为 3 个量的乘积，即

$$E = ARC \tag{6-11}$$

式中，A——系统在使用前处于规定战斗准备状态且可靠工作的概率；R——使用中系统可靠工作的概率；C——装备系统在使用可靠条件下完成战斗任务的概率。

2) QARC 模型

WSEIAC 的 ADC 模型未考虑对抗情况，而对抗对装备系统的效能有重要影响，则

$$E = QARC \tag{6-12}$$

$$Q = P_n + (1 - P_n)(1 - \overline{PR}) \tag{6-13}$$

式中，Q——装备系统在未被蓝方火力击毁条件下实施发射的概率；P_n——红方装备系统先于蓝方发射的概率；R——蓝方装备系统发射可靠、飞行可靠的概率；P——蓝方装备系统条件杀伤概率。

3) KADC 模型

任何硬件都需要人员操作，人员的素质和训练水平的差异对装备系统效能的发挥有明显的影响。在考虑人员状况的条件下，美国海军对效能模型进行了修正：

$$E = A_P D_P C_P = (K_1 A) \cdot (K_2 D) \cdot (K_3 C) = (K_1 K_2 K_3) ADC = KADC \tag{6-14}$$

式中，K_1——操作人员掌握硬件的能力系数；K_2——操作人员掌握硬件的素质系

数；K_3——操作人员掌握硬件的水平系数。K_1、K_2、K_3 的数值小于 1，K 表示以上 3 个系数的综合系数。

4）CADS 模型

涉及装备可靠度、保障要素时，可使用 CADS 模型：

$$E = CADS \tag{6-15}$$

式中，C——装备系统作战能力；A——可用度；D——可靠度；S——保障度。

2. 美国海军系统效能模型

美国海军提出的系统效能模型中，系统效能由系统的 3 个主要特性（性能、可用性、适用性）组成，它是指在规定的环境条件下和确定的时间幅度范围内，系统预期能够完成其指定任务的程度的度量。

性能表示系统能可靠正常工作且在设计中所依据的环境下工作时完成任务目标的能力；可用性表示系统准备好并能充分完成其指定任务的程度；适用性表示在执行任务中该系统所具有的各性能的适用程度。

使用数学语言描述则为在规定的条件下工作时，系统在给定的一段时间过程中能够成功地满足工作要求的概率。

美国海军系统效能的模型为

$$E = PAU \tag{6-16}$$

式中，E——系统效能指数；P——系统性能指数；A——系统可用性指数；U——系统适用性指数。

3. 美国航空无线电研究公司系统效能模型

美国航空无线电研究公司较早开始研究系统效能，认为系统效能是在给定的时间内和规定的条件下工作时，能成功地满足某项工作要求的概率。

美国航空无线电研究公司提出的系统效能模型由战备完好率、任务可靠度和设计恰当性 3 部分组成。其系统效能模型为

$$E = P_{OR} R_M D_A \tag{6-17}$$

式中，E——系统效能；P_{OR}——战备完好率；R_M——任务可靠度；D_A——设计恰当性。

6.3 装备体系效能评估

装备体系对抗是现代作战的特色，装备体系作战效能与装备的数量、性能和体系结构（编制）有关，也与作战应用和作战环境有关。装备体系是由编制实现，

并通过 C^3I 系统联系起来的。通过编制将不同类型、不同型号的装备组合在一起，组合之间通过 C^3I 系统联系起来，这里 C^3I 系统是一个联系和放大环节。除了 C^3I 系统的联系和放大作用外，依据"总体大于部分之和"的系统原理，体系组合还可产生原有单个装备系统不具有的功能。

估算装备体系作战效能较好的方法是仿真方法，如试探性建模与仿真方法、探索性评估方法等[37]。研究的总体思路如图 6-1 所示。

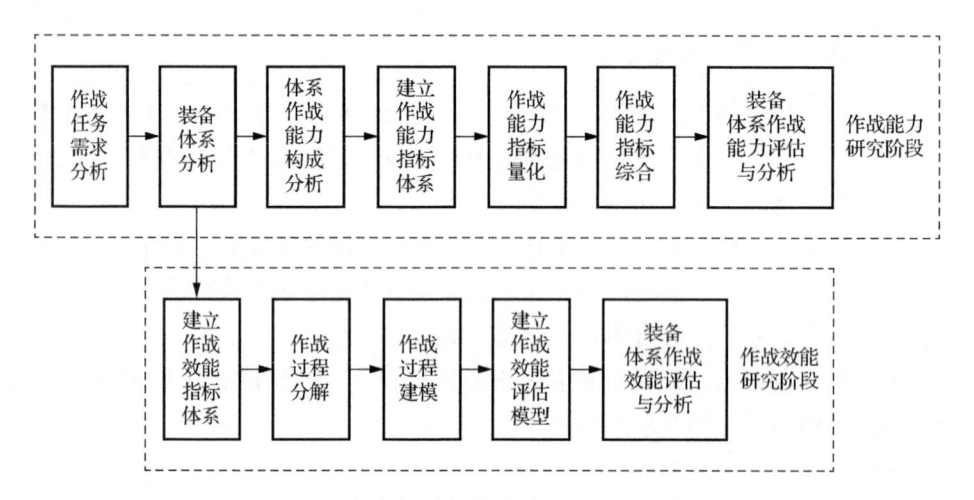

图 6-1 装备体系作战效能研究的总体思路

1）作战任务需求分析

依据未来军兵种的战略目标、所担负的主要作战任务和在未来作战中应达到的作战目标，分析可能的作战对象、作战任务、作战类型、作战规模和作战环境。

2）装备体系分析

装备体系分析包括装备体系概念分析、功能分析、结构分析、性能指标分析、体系关系特性分析等内容。装备体系分析的目的是通过明确装备体系的目标任务轮廓和体系构成原则，研究装备体系结构、功能的各构成要素及各要素间关系，从而导出装备体系的概念模型、结构模型、功能模型、性能结构和参数体系。

体系概念分析的任务主要是明确装备体系的目标任务和有关的体系概念。在确定装备作战任务剖面的基础上，明确装备体系的目标任务轮廓和体系构成原则。通过装备体系概念分析可导出装备体系的概念模型。

体系功能分析立足于装备体系的作战使用要求和目标任务，分析装备体系在完成该目标任务的过程中应具备的各项基本行为与功能，在描述这些功能相互关系的基础上，进行装备体系的功能分析。

体系结构分析依据装备体系功能分析的结果,研究装备体系组成要素以及各组成要素之间的相互关系。

体系性能指标分析的任务是将系统功能分析所确定的体系必须执行的任务、应产生的效果或应起的作用进一步细化,将定性的作战需求转化为定量的性能指标。体系性能指标分析依据体系结构分析所确定的体系要素及其相互关系,导出体系性能项目和性能参数。体系性能指标分析是在体系功能分析的基础上,通过分析、权衡和综合,确定可度量的体系性能参数。

体系关系特性分析研究装备体系功能、结构、性能之间的相互作用关系和因果关系,通过分析获得体系功能、结构、性能之间相互关系的描述。

3)体系作战能力构成分析

体系作战能力构成分析面向军兵种所面临的主要作战任务(作战背景、目标、对象、样式、环境等)。分析高技术战争条件下,军兵种当前和未来需具备的作战能力,并分析作战能力各构成要素之间的相关性。

4)建立作战能力指标体系

根据上述分析结果,采用自顶向下的方法,分析影响装备体系整体作战能力的主要因素,将主要因素分层细化,直至能确定影响装备作战能力的主要性能参数和战技指标,从而建立层次化的装备体系作战能力的指标体系。

5)作战能力指标量化

建立装备性能参数/战技指标规范化函数,对性能参数/战技指标进行量化,一般采用无量纲方法对性能参数/战技指标进行量化。由于对性能参数/战技指标进行无量纲化是以某一参考值为依据进行的,因此所获得的性能参数/战技指标量化值是一个相对值。作战能力指标量化是一个值得深入研究的问题,目前还没有广为应用的普适性方法,所提出的许多方法是针对具体研究对象的。

6)作战能力指标综合

目前,一般采用权重的方法进行作战能力指标综合,即在分析不同类型装备对体系整体作战能力影响的基础上,采用 Delphi 法、层次分析法等确定不同类型装备对体系整体作战能力贡献的权重,然后建立作战能力指标综合模型,确定装备体系作战能力评估结果。

7)建立作战效能指标体系

作战效能指标是度量作战效能特性的量化指标,是关于敌对双方相互作用结果的定量描述,反映了作战目标的实现程度。进行体系作战效能评估的关键环节之一是正确、合理地选择作战效能指标,建立效能指标体系。效能指标体系应具有系统性、完整性、可测性和相对独立性。此外,因为效能指标体系具有多层结构,所以效能指标体系应具有良好的可聚合性,即通过下层指标的聚合可求解上层指标。装备体系作战效能指标的层次结构应与军兵种作战过程分解的层次相对应。

装备作战效能描述层次与作战的层次密切相关。不同的作战层次需要用不同的效能指标来衡量。从战略层面描述作战效能一般采用资源消耗率;从战役、战术层面描述作战效能一般采用毁伤率;从格斗层面描述作战效能一般采用损耗交换比;从武器系统层面描述作战效能一般采用单发毁伤概率;从武器子系统层面描述作战效能一般采用品质因数(如脱靶量等)。以上各层次相互支持、相互作用,上层的效能指标强烈地依赖于下层的效能指标,上一层达到目标的程度依赖于下一层结构的运行情况。但是,由最下层效能指标的改善引起的上层效能指标的变化不可能直接量化,需要一个中间环节提供评价的连续性。随着描述层次的降低,层次越低,指标描述越明确、越定量化。

8) 作战过程分解

军兵种的战役行动是一个复杂的作战过程,要研究装备体系在战役中的作战效能问题,需依据军兵种的作战过程对战役进行分解,美国空军的空中任务指令(air tasking order,ATO)就是一个典型战役分解。不同的军兵种执行不同的作战任务,其作战行动的组织、协同各具特色,应依据不同军兵种的特点进行作战过程的分解。例如,空军的作战行动一般可分为"阶段——日作战任务——波次——行动——活动"几个层次。

9) 作战过程建模

依据作战过程分解建立军兵种的作战过程模型,利用功能相对独立、规范化的模块描述每次战术行动,利用若干战术级效能模型(基础模型)计算战术级效能指标。

体系作战过程建模是一个十分复杂的任务,建立的作战过程模型要能反映体系对抗的本质,也要能反映影响体系对抗胜负的主要因素。在对作战过程中的时序关系、物质流和信息流关系等问题详细分析的基础上,采用适当的技术语言描述作战计划中的军事活动。

10) 建立作战效能评估模型

作战效能评估模型指作战效能评估的基础模型和作战效能指标综合模型。其中,作战效能评估的基础模型用以求解战术活动层面作战效能指标;作战效能指标综合模型用以将战术活动层面作战效能指标逐层聚合成为战役层面的作战效能指标。

11) 装备体系作战效能评估与分析

装备体系作战效能的评估是依据特定的作战计划、在特定的作战环境、与特定的作战对手作战的条件下进行的。作战效能的评估是一个相对概念,与自己对比是沿时间轴纵向进行的,与敌手对比是沿空间轴横向进行的。

作战效能评估与分析的目的是对敌对双方的各项基本作战能力进行对比和分析,分析影响体系作战效能的关键因素,对装备发展的重点和方向、装备体系规模比例优化提出建议。

6.4 效费分析的环节和方法

效费分析是根据装备系统所达到的效能(所获得的价值)与其所消耗的资源(费用),在满足战术技术要求的各个方案中进行分析比较的过程。效费是指装备系统取得能够达到预定目标(效能)的能力与所消耗的资源(费用)之间的关系。效费分析以经济概念为基础,使决策在达到任务要求的条件下最有效地使用(分配)有限的资源,既要达到规定的目标和任务要求,又要充分发挥有限资源的作用[38]。

6.4.1 效费分析基本环节

1. 目标

实施效费分析的目的是择优选择装备系统的发展方案。进行效费分析的首要任务是描述目标,目标是实施效费分析过程中进行评定、度量、比较不同方案和政策的基点,发展方案满足目标的程度是以目标基线为标准的。

目标任务的确定和功能分析紧密相关。在确定目标时,不能对系统实现目标的途径加以过多的限制,也不能模糊目标的定义和界限。

2. 方案

方案是达成目标的方法。在提出的方案中应包括能够达到要求的全部已知的方法,并在一定的时间内和当前已知的技术水平基础上对这些方法进行研究。通过效费分析选择最优方案是效费分析的主要任务。

3. 费用

费用是效费分析的关键因素。这里的费用是指按照一个特定的方案,为达到规定目标所消耗的全部资源。在进行费用分析时,要考虑与达到目标有关的一切因素。费用分析的方法在第 5 章中已详细讨论过。对费用的估算值,一般需进行灵敏度分析予以验证。灵敏度分析可采用不同的量值反复进行,以便判断所得结果的可靠程度。

4. 效能

效能是效费分析的另一个关键因素，系统效能的研究涉及许多技术领域，是一项涉及面很广的工作。效能分析是装备论证中必须进行的一项重要工作，对效能分析的研究十分广泛，但目前所有的研究仍只针对具体的系统进行，还没有达到通用的程度。有效的效能分析基于对装备系统的作战任务、结构、工作原理、约束条件的详尽掌握。

5. 模型

模型是进行效费分析所依据的分析基础。模型是在对系统效能进行深入研究的基础上构建的。模型是客观实体的抽象，模型的有效性取决于简化假设的合理性。

目前，已提出许多进行效能分析和费用分析的模型，进行效费分析的模型应将这两类模型有效地结合在一起。

6. 准则

准则是确定一个方案对另一个方案的相对性标准，准则是选择方案的依据。在效费分析中，准则保证了对费用与效能进行加权与综合。

效费分析的通用准则有3种，即等费用准则、等效能准则和效费递增准则。

等费用准则在假定各方案消耗的费用相等的情况下，分析确定哪一个方案能达到最大的效能；等效能准则在假定各方案所达到的效能相同的情况下，分析确定哪一个方案所需（消耗）的费用（资源）最少；效费递增准则将系统所达到的效能增加的程度与所消耗的费用（资源）增加的速率结合在一起进行分析。只有当系统各方案的费用和效能都无法作为等同的分析基础时才使用效费递增准则。例如，对于两种不同方案的导弹系统，由于采用的技术先进程度和复杂程度各不相同，无法采用同一费用标准或效能准则进行评定，在这种情况下，可采用效费递增准则进行评定。

6.4.2 效费分析方法

1. 价值图

以效能为纵轴，以费用为横轴，将各种方案对应的效能和费用标示在价值图上（图6-2）。

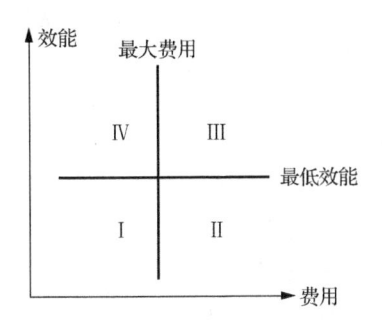

图 6-2 价值图

价值图中，在允许的最大费用处，做一条平行于效能轴的直线；在允许的最低效能处，做一条平行于费用轴的直线。价值图被这两条直线分为 4 个区，位于Ⅳ区中的方案是费用小于最大允许费用，效能高于最低效能要求的方案，是可接受方案；位于Ⅰ区和Ⅱ区的方案的效能低于最低效能要求；位于Ⅲ区的方案的费用超过最大允许费用。因此，位于Ⅰ区、Ⅱ区和Ⅲ区的方案都将被排除，效费分析仅对位于Ⅳ区中的方案进行评价和对比。

2. 效费分析的步骤

系统效能-费用分析步骤如图 6-3 所示。

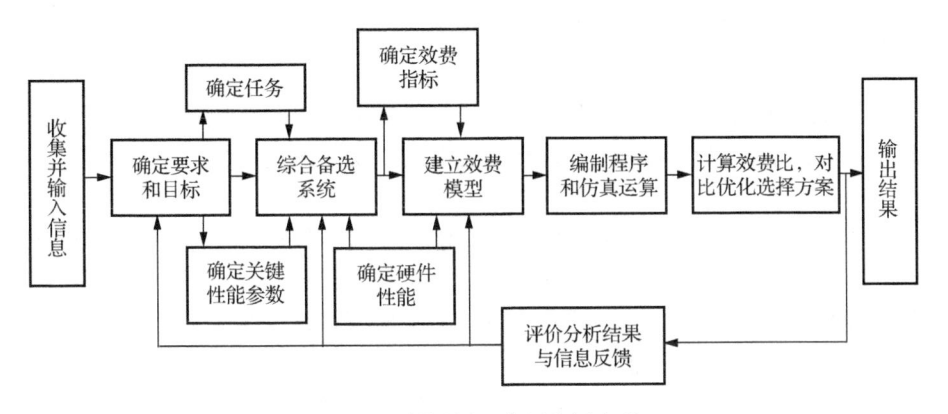

图 6-3 系统效能-费用分析步骤

（1）收集并输入信息。收集和输入信息与拟定的任务要求和目标相关，如装备系统的定性目标、重要的约束条件（资源约束、政策约束）等。

（2）确定要求和目标。根据上述信息和要求，确定一组可以接受的要求和目标。在确定要求和目标时，需根据系统的目标、系统的定义和有关的影响因素，确定分析的边界，概括地说明目标，在此基础上进行综合分析。确定要求和目标是整个效费分析的起点，是选择任务、综合评价备选方案、确定评选准则的主要因素。确定要求和目标是效费分析的关键一步。

目标范围不要定得过宽，否则会使被分析的方案过多；也不要将要求和目标的描述变成对具体系统的描述。

确定要求和目标时需要适当的假设，适当的假设可以缩小研究的范围。在确定目标时，必须考虑对系统的约束。约束同样可以缩小研究的范围，但过于严格的约束将可能使一些有效的方案被排除在外。

（3）确定任务。确定了要求和目标后，需建立任务剖面，即对任务进行具体描述，将系统的要求和目标转变成对性能的具体要求，同时还应包括系统使用的环境等限制。确定任务轮廓应注意以下几点：

① 将装备系统的任务参数规定在一个区间内，定义最高值和最低值；
② 确定装备系统任务轮廓由分析人员与技术人员和军事人员共同协调完成；
③ 随着装备研制工作的进展，有可能对任务进行调整；
④ 任务应具体，并提供能够验证的重要参数；
⑤ 建立并使用模型对参数进行验证。

（4）确定关键性能参数。在描述任务轮廓中，会涉及许多参数，在评定系统时一般不需要系统的全部参数，有些参数与系统的目标密切相关，有些参数的相关性一般或较低。通过分析找出关键的性能参数，确定关键性能参数的基础是对系统目标的清晰了解，并要充分熟悉系统的工作原理。

在研究系统参数时，需注意技术发展水平分析，即分析发展方案所建议采用的技术途径在技术上的适应性。

（5）综合备选系统。一个备选系统是一个面向要求的系统，它在要求的环境中运行，与现有的其他系统配合，得到已有的支援系统的支持，从而达到要求的目标。

对于备选系统可进一步分解成基本功能分系统。例如，对于一个地空导弹武器系统，按其基本功能分解得到探测搜索分系统、跟踪制导分系统、拦截打击分系统、勤务保障分系统。探测搜索分系统的指标可以是探测距离、分辨能力、跟踪目标的能力、抗干扰性能等。

（6）确定效费指标。依据系统的任务、目标和硬件性能，确定系统的效费指标。效费指标的建立是在分析评定系统的各单项性能的基础进行的，在此基础上，选择若干能全面描述系统各种性能的综合指标。

综合指标是能够度量装备系统某一方面能力的指标。适当的综合指标能够较为客观、全面地反映装备系统的能力。多数情况下，综合指标采用概率形式描述，如评价雷达系统可选用探测概率等作为综合指标；评价地空导弹武器系统可选用发现概率、服务概率、毁伤概率等作为综合指标。

（7）建立效费模型。根据可用的费用信息数据和系统的任务要求，选择使用费用估算方法和效能评估方法，估算系统的寿命周期费用和效能。最好的方式是将费用和效能结合在同一个模型系统中，建立系统关键性能参数与费用的关系，描述系统效能与相关费用的相关关系。

依据所构建的模型，编制相应的计算机程序，对系统的效费进行仿真运算，计算系统的效费比。依据仿真结果，对比优化选择发展方案。仿真结果还可反馈修正系统的任务目标和效费模型。

6.5 效费分析案例

某型测距雷达由两部发射机、一个天线、一部接收机、一个显示器和天线随动系统等组成。每部发射机的 MTBF=10h，平均故障修复时间 MTTR=60min；雷达天线及其随动系统、接收机、显示器等组成的子系统的 MTBF=50h，MTTR=30min；雷达在执行任务的 15min 内不能修理；如果两部发射机同时正常工作，在最大距离上发现目标的概率为 0.9；如果一部发射机正常工作，另一部发射机故障，则在最大距离上发现目标的概率减小到 0.683。

1. 雷达系统状态分析与描述

根据雷达分系统的结构组成和工作原理，在开始执行任务时，雷达系统的基本工作状态有 3 种。

（1）所有组成部件都能正常工作。

（2）一部发射机有故障，另一部发射机和其他所有部件都能正常工作。在此情况下，系统仍能正常工作。

（3）两部发射机同时发生故障或其他部件之一发生故障，雷达系统处于故障状态。

2. 计算雷达系统的可用性向量

根据雷达系统的状态分析与描述，依据 ADC 模型，有

$$A^\mathrm{T} = [a_1\ a_2\ a_3]$$

式中，a_1、a_2、a_3——雷达系统处于 3 种工作状态的概率。

令 a_t 为一部发射机正常工作的概率，a_r 为雷达天线及其随动系统、接收机和显示器所组成的子系统正常工作的概率，则

$$a_t = \left(\frac{\mathrm{MTBF}}{\mathrm{MTBF}+\mathrm{MTTR}}\right)_t = \frac{10}{10+1} \approx 0.909$$

$$a_r = \left(\frac{\text{MTBF}}{\text{MTBF}+\text{MTTR}}\right)_r = \frac{50}{50+0.5} \approx 0.99$$

由此可求得雷达系统处于 3 种工作状态的概率分别为

$$a_1 = a_t^2 \cdot a_r = (0.909)^2 \times 0.99 \approx 0.818$$

$$a_2 = [a_t(1-a_t)+(1-a_t)a_t]\cdot a_r = 2a_t a_r(1-a_t)$$
$$= 2 \times 0.909 \times 0.99 \times (1-0.909) \approx 0.164$$

$$a_3 = 1 - a_1 - a_2 = 1 - 0.818 - 0.164 = 0.018$$

则雷达的可用性向量为

$$A^T = [a_1\ a_2\ a_3] = [0.818\ \ 0.164\ \ 0.018]$$

3. 计算可信性矩阵

依据 ADC 模型式（6-3），有

$$D = \begin{bmatrix} d_{11} & d_{12} & d_{13} \\ d_{21} & d_{22} & d_{23} \\ d_{31} & d_{32} & d_{33} \end{bmatrix}$$

已知每部雷达发射机的 MTBF=10h，则故障率为

$$\lambda_t = \left(\frac{1}{\text{MTBF}}\right)_t = \frac{1}{10} = 0.1$$

已知雷达天线及其随动系统、接收机和显示器所组成子系统的 MTBF=50h，则

$$\lambda_r = \left(\frac{1}{\text{MTBF}}\right)_r = \frac{1}{50} = 0.02$$

如果雷达系统的所有部件在执行任务过程中的可靠性均服从指数分布规律，则每部雷达发射机在执行任务期间（15min = 0.25h）的可靠度为

$$R_t = \exp(-\lambda_t t) = \exp(-0.1 \times 0.25) \approx 0.975$$

同理，雷达天线及其随动系统、接收机和显示器所组成的子系统在执行任务期间的可靠度为

$$R_r = \exp(-\lambda_r t) = \exp(-0.02 \times 0.25) \approx 0.995$$

雷达系统的所有部件在开始执行任务时都能正常工作，在执行任务期间（15min）始终处于正常工作状态的概率为

$$d_{11} = R_t^2 \cdot R_r = 0.975^2 \times 0.995 \approx 0.946$$

雷达系统的所有部件在开始执行任务时都能正常工作，但有一部发射机在执行任务期间发生故障（其他部件仍能正常工作）的概率为

$$d_{12} = 2R_t \cdot R_r \cdot (1-R_t) = 2 \times 0.975 \times 0.995 \times (1-0.975) \approx 0.0485$$

雷达系统的所有部件在开始执行任务时都能正常工作，但在执行任务期间发生故障（两部发射机故障或其他所有部件中的任一个故障）的概率为

$$d_{13} = 1 - d_{11} - d_{12} = 1 - 0.946 - 0.0485 \approx 0.006$$

雷达系统始终处于一部发射机故障，另一部发射机和其他所有部件都正常工作的概率为

$$d_{22} = R_t \cdot R_r = 0.975 \times 0.995 \approx 0.97$$

因为雷达系统在执行任务期间不能修理，所以在开始执行任务时，一部发射机处于故障状态，另一部发射机和其他所有部件都正常工作，两部发射机同时故障或其他所有部件中的任一个故障，系统处于故障状态（状态3）转移到状态1或状态2的概率为零，即

$$d_{21} = d_{31} = d_{32} = 0$$

由于可信性矩阵的每一行元素之和等于1，则

$$d_{23} = 1 - d_{22} - d_{21} = 1 - 0.97 - 0 = 0.03$$

同理，雷达系统在执行任务期间始终处于故障状态的概率为

$$d_{33} = 1 - d_{31} - d_{32} = 1$$

雷达系统在执行任务的15min内的可信度矩阵为

$$D_{15} = \begin{bmatrix} 0.946 & 0.0485 & 0.006 \\ 0 & 0.97 & 0.03 \\ 0 & 0 & 1 \end{bmatrix}$$

4. 计算雷达能力向量

对雷达而言，能力度量可采用雷达在最大距离上发现目标的能力，或在整个执行任务期间，能发现、截获和跟踪目标并给出连续的、精确的距离数据的能力。

设雷达发现目标的概率为 P，则依据雷达方程知：

$$\ln(1-P) = -SW_t / 2z^2 r^4$$

式中，S——目标有效散射截面常数；W_t——发射机功率；z——噪声振幅的均方根值；r——目标距离。

依据上式即可计算雷达在不同距离上发现目标的概率。已知雷达在 32km 的最大距离上，两部发射机同时工作（状态 1）时，发现目标的概率 $C_1(0) = 0.9$；一部发射机正常工作，另一部发生故障（状态 2）时，发现目标的概率 $C_2(0) = 0.683$；两部发射机均发生故障（状态 3）时，显然 $C_3(0) = 0$。因而，雷达在最大距离上发现目标的能力向量为

$$C_0 = \begin{bmatrix} C_1(0) \\ C_2(0) \\ C_3(0) \end{bmatrix} = \begin{bmatrix} 0.9 \\ 0.683 \\ 0 \end{bmatrix} = \begin{bmatrix} 0.9 & 0 & 0 \\ 0 & 0.683 & 0 \\ 0 & 0 & 0 \end{bmatrix}$$

雷达在发现目标并截获目标后，在执行任务期间的 15min 内，连续跟踪与精确测距的能力向量可采用相应的概率描述，此概率与目标特性、雷达性能和航路捷径等因素有关。已知在执行任务期间的 15min 内，连续跟踪与精确测距的概率为

$$C_{15} = \begin{bmatrix} C_1(15) \\ C_2(15) \\ C_3(15) \end{bmatrix} = \begin{bmatrix} 0.97 \\ 0.88 \\ 0 \end{bmatrix}$$

5. 计算雷达效能

在开始执行任务时，雷达在最大距离上发现并截获目标的效能 E_{rm} 为

$$E_{rm} = A^T \cdot C_0 = [a_1 \ a_2 \ a_3] \cdot \begin{bmatrix} C_1(0) \\ C_2(0) \\ C_3(0) \end{bmatrix} = [0.818 \ 0.164 \ 0.018] \cdot \begin{bmatrix} 0.9 \\ 0.683 \\ 0 \end{bmatrix} \approx 0.848$$

在近距离发现目标的概率会更高一点。因发现并截获目标是在瞬间完成的，即执行任务的时间近似为零，在这种情况下，可信性矩阵蜕化为单位矩阵，因此在以上效能计算中可不考虑可信性矩阵。

雷达系统的总效能不仅与成功发现和截获目标的概率有关，而且还与连续跟踪并精确测距的概率有关，则雷达的总效能为

$$E = A^T \cdot C_0 \cdot D_{15} \cdot C_{15} = [0.818 \ 0.164 \ 0.018] \cdot \begin{bmatrix} 0.9 & 0 & 0 \\ 0 & 0.683 & 0 \\ 0 & 0 & 0 \end{bmatrix}$$

$$\cdot \begin{bmatrix} 0.946 & 0.0485 & 0.006 \\ 0 & 0.97 & 0.03 \\ 0 & 0 & 1 \end{bmatrix} \begin{bmatrix} 0.97 \\ 0.88 \\ 0 \end{bmatrix} \approx 0.803$$

雷达系统在执行任务期间，成功发现、截获和跟踪目标，且连续精确测量距离数据的概率为 0.803。其中，雷达系统成功地连续跟踪并精确测量目标距离数据的概率为

$$E_t = E / E_{rm} = 0.803 / 0.848 \approx 0.947$$

该案例将雷达系统的效能描述为发现并截获目标的效能与连续跟踪的效能两部分的乘积，这种划分符合对雷达系统的功能要求。因此，在计算装备系统的效能时，除了熟练运用效能计算方法外，还需对所研究的装备系统具有足够的了解，并对相关的知识有充分的掌握。例如，在雷达系统的效能计算中，需掌握的内容应包括雷达知识、可靠性知识、维修知识等。

第 7 章 装备风险分析理论与方法

装备系统发展的风险是客观存在的，风险与效益相连，没有风险，就没有技术上的进步。风险分析研究的目的是辨识风险、评估风险，通过风险管理减小风险。

7.1 基本概念

在装备系统发展过程中，风险是客观存在的，大多数的决策，包括最简单的决策都含有风险。有些风险是可以接受的（如增加费用），有些风险则是完全不能接受的。

装备研制本身就具有不同程度的探索性，存在着种种不可预见的因素。此外，装备研制还受到国际、国内环境和可能利用的技术因素的制约[39]。随着研制工作的进展可能会出现必要的修正，随着时间的推移可能增加新技术的应用，这些可能性均会伴随风险的存在。

国际形势、国家的财力和政策、军队作战任务的变化，这些客观和限制条件均可能对装备发展带来不确定性，从而产生风险。

1. 风险定义

风险包括两方面的内容：一是不希望事项发生的概率；二是不希望事项发生后所造成后果的严重性。从这一意义上讲，风险是一个只在未来意义上存在的问题。

风险不等于危险，危险只意味着事物存在不利的方面，而风险不仅意味着这种不利方面的存在，而且还意味着发生这个不利方面的渠道和可能性。因此，有时虽然有危险存在，但不一定要冒此风险。危房存在倒塌的危险，若人要住进去，就要冒房屋倒塌的风险；但只要人不住进去，就不存在风险。

如果在和平时期，新型装备系统的研制一拖再拖，迟迟不能交付部队形成战斗力，或主要战术技术指标满足不了作战需求，虽有危险却没有风险；但如果一旦战争爆发，就要冒失败的风险。

风险可以表示为危险事项发生的概率及其产生后果的函数，即

$$R = f(P_f, C_f) \tag{7-1}$$

式中，R——风险；P_f——危险事项发生的概率；C_f——危险事项发生的后果。

风险还可采用风险因子进行描述：

$$\mathrm{RF} = 1 - P_s C_s \tag{7-2}$$

式中，RF——风险因子；P_s——事项成功的概率；C_s——事项成功的结果。

风险通常可划分为 3 级：低风险、中等风险和高风险。RF < 0.3 为低风险；$0.3 \leqslant \mathrm{RF} \leqslant 0.7$ 为中等风险；RF > 0.7 为高风险。

低风险是指可以确认，并对系统目标的影响和后果可以监控的风险。这类风险发生的概率较低，其起因和后果也并不重要。这类风险只需通过设计部门进行一般性监控，而不必采用专门的技术措施进行处理。

中等风险是指可以确认，但对系统目标、费用或进度将产生较大影响并难以监控的风险。这类风险发生的概率较高，因此需加强监控。在装备研制的各个阶段应采取适当的技术措施降低这类风险，使这类风险下降到可接受的水平，并在各个设计阶段进行严格的评审。

高风险是指发生概率很高，其后果对系统目标有极大影响的风险。这类风险只允许在预先研究、概念设计和初步设计阶段存在，进入技术设计（工程研制）阶段后是不允许存在的。对这类风险不仅必须进行严格监控，而且必须制定详细的降低风险的计划，并强制执行。对这类风险要求进行定期评审。

2. 风险度

风险度是定量描述风险的参数，其定义为

$$\mathrm{FD} = \frac{\sigma - (\mu - x_0)}{\mu} \tag{7-3}$$

式中，FD——风险度；σ——随机变量的标准差；μ——变量的平均值。

风险度反映了随机变量的标准差相对期望值的离散程度。风险度越大，表示对未来可能发生的事项越没有把握。

3. 风险的种类

一个工程项目所面临的风险一般有以下 3 种形式。

（1）依据现有的技术条件，工程项目达不到规定的性能水平。

（2）工程消耗大大超过了预定的资源条件，需追加人力、物力、财力方可完成。

（3）工程不能在规定的时间内完成。

这 3 种形式分别对应于工程项目的技术风险、费用风险和进度风险。其中，技术风险又可划分为单纯的技术风险（对应于装备的战术技术指标）和保障性风险（对应于装备的保障性指标和保障性要求）。

此外，在工程项目进行的过程中，还存在来自环境和行政管理方面的不利影响，这些影响一般称为计划风险。

技术风险是指工程项目在预定的资源约束条件下，达不到战术技术指标的可能性及差额幅度，或者研制计划的某个部分出现了事先意想不到的结果，从而对整个系统效能产生相关影响的概率。

导致技术风险的典型因素有技术难度较大，实现困难；原定指标过高，难以实现。例如，美国的"星球大战计划"由于技术难度太大，原计划的发展项目多数没有实现，只好一退再退，先退缩到防御有限攻击的全球保护（global protection against limited strikes，GPALS），最后退缩到目前的NMD和TMD。在装备研制过程中，技术风险往往是对新武器系统和新设备提出了依据当前技术和经费条件无法达到的性能要求所造成的。另外，技术风险与时间约束和费用约束紧密相关，离开这些约束讨论技术风险是没有意义的。

保障性风险是指与武器系统部署和维修有关的风险，它具有技术风险和计划风险两方面的特征。有些前期的技术风险会转化为后期的保障性风险，可能对费用和进度产生严重的影响。导致保障性风险的典型因素有战备完好性和保障性目标确定不及时；可靠性和维修性要求不切实际；在设计阶段没有充分考虑维修性和保障性性能等。

费用风险是指工程项目费用突破预算的可能性及超支的幅度。在现实条件下，由于竞争的作用、通货膨胀的影响、物价和劳动力价格的上涨，经费预算存在很大的不确定性。此外，不适当地追求高性能指标，往往导致工程项目的费用大增。

产生费用风险的典型因素：预算不完整、不准确；宏观经济调整的影响；原材料、配套设备价格的调整；估价及定价方式的变化；技术及计划因素的影响和其他不可预见因素的影响。

进度风险是指工程项目不能按期完成的可能性及超期幅度。产生进度风险的典型因素有进度计划论证不充分；投资强度的影响；技术及计划因素的影响；其他不可预见因素的影响。

计划风险的定义是不受工程项目控制的外部资源和活动对工程项目产生不利影响的可能性及其后果。计划风险与管理有关，产生计划风险的典型因素主要是不受工程项目控制，但又影响工程项目的外部资源和活动的因素，如材料供应的中断和延迟、人员的不可用性、环境影响、需求改变、决策机构的决策变化和延迟、资金约束、承担方的稳定性等。

技术风险、费用风险和进度风险属于系统内部的风险，通过工程项目的管理对这 3 种风险是可以控制的，因而这 3 种风险是具有理性化属性的风险成分，风险分析和风险量化研究的重点也集中在这 3 种风险上。在这 3 种风险中，技术风险是主要的，起决定性作用，一般情况下，技术风险是造成费用风险和进度风险的主要原因。通过延长时间和增加费用的措施，技术风险可转化为进度风险和费用风险。

计划风险属于外部风险，难以控制，只能通过研究列出风险源，针对风险源提出降低计划风险的措施。

技术风险和计划风险是风险的"控制因素"，是起决定性作用的风险成分；费用风险和进度风险则在很大程度上是风险的"指示信号"，反映工程项目风险的大小。

7.2 装备风险分析方法

通常用于风险分析的方法有类推法、历史比较法、专家调查法、网络分析技术法、加权和量化方法、模糊相对风险度、风险指数法、风险因子法、技术风险相关分析等。类推法、历史比较法、专家调查法是通常采用的定性分析方法[40]。

7.2.1 加权和量化方法

加权和量化方法首先从整个装备系统的各个分系统（设备）入手，通过专家打分的方式给出各个分系统（设备）技术风险的评估值，然后依据各个分系统（设备）在全系统重要程度的权值对专家给出的分系统（设备）技术风险评估值进行汇总，从而获得全系统的技术风险量化指标。

1. 分系统技术风险量化方法

对分系统（设备）技术风险的评价可从技术先进性、技术创新性和技术复杂性三方面进行。

（1）技术先进性。技术先进性是新研装备的基本特征，技术先进性主要通过战术技术指标反映。指标定得越高，实现的难度越大，风险也就越大。衡量技术先进性可采用对比类推等方法，以国际上已有的最先进的同类装备的性能指标为基准，类推得到新研装备分系统（设备）的技术先进程度。

（2）技术创新性。技术创新性是指在设想的技术方案中首次应用的先进技术，技术创新性反映的是高新技术成果在新研装备分系统（设备）中的应用程度。技术创新性与技术风险密切相关，技术创新程度越高，高新技术成果用得越多，表明技术越不成熟，实现的可能性就越小，风险就越大。在先进程度一定的情况下，不成熟的技术采用得越多，成功的可能性也就越小。技术创新性可通过在新研装备分系统（设备）中所选用的技术的创新程度和数量来衡量。技术创新的风险可用技术难度系数、借鉴程度系数、条件系数等进行描述。

（3）技术复杂性。技术复杂性在一定意义上反映了研制项目的综合性和创造性。系统、设备的结构越复杂，技术综合程度就越高。技术复杂性描述了协作广度、对外界条件的依赖程度和相应的技术关联度。技术越复杂，相应的风险就越大。技术复杂性对计划协调和科学管理提出了更高的要求。

依据以上 3 个评价因素，通过专家鉴定评分的方法，确定各评价因素的权重系数以及研制项目各方案中各分系统（设备）各因素的风险评价值：

$$K_i = \sum_j b_{ij} Z_{ij} \qquad (i = 1, 2, \cdots, n) \qquad (7\text{-}4)$$

式中，K_i——第 i 分系统（设备）的加权综合技术风险评价值；Z_{ij}——第 i 分系统（设备）j 因素的风险评价值（$0 \leqslant Z_{ij} \leqslant 1$）；$b_{ij}$——第 i 分系统（设备）j 因素的权重系数（$\sum_j b_{ij} = 1$）。

依据装备研制"15%渐进律"的原则，即构成新研装备分系统（设备）的诸要素中，新旧要素的比例以 10%~15%为佳；若新旧要素的比例达到 15%~20%，则研制将异常困难；大于 20%则风险极大。为保证新研项目的成功，新旧要素的比例一般不应超过 15%。因此，各要素风险度的取值一般应控制在 0~0.20。

获得各专家给出的 K_i 值，即可汇总并确定新研装备各分系统（设备）的技术风险评价值。

2. 全系统研制技术风险的计算

按照系统层次性原理，采用工作分解结构（work breakdown structure，WBS）有序地将系统分解。依据层次分析法或专家判断法，分别求出各分系统（设备）相对于整个研制项目的权重系数 $W_i(i = 1, 2, \cdots, n)$，然后汇总各分系统（设备）的技术风险值，即可求得全系统研制的技术风险：

$$P_m = \sum W_i K_i \qquad (7\text{-}5)$$

式中，P_m——全系统研制的技术风险；W_i——各分系统（设备）相对于全系统的权重系数；K_i——各分系统（设备）的技术风险。

当所采用的各项新技术对系统总体性能的影响相差不大时，也可以用新技术采用比和非成熟项目占有比来衡量和估算系统的技术风险度。新技术采用比是指以基本设备为项目单元，研制单位首次运用新技术、新材料、新工艺等设计的全新项目数占系统设备总项数的比例：

新技术采用比 =（全新项目数 / 系统设备总项数）×100%　　（7-6）

非成熟项目占有比是指尚需攻关的技术项目数与新技术项总量的比值，即

非成熟项目占有比 =（攻关的技术项目数 / 新技术项总量）×100%　　（7-7）

加权和量化方法在一般情况下是可用的，但也存在一些不足，一是加权和量化计算过程本身的可重复性较差，不同的专家组在不同的时期内所给出的数值可能会存在较大的差距；二是数值估计目前还缺乏强有力的依据，如对系统中各分系统（设备）各因素的风险评分值的给定，如果不给出评分的标准和估计的依据，则专家难以确定估计值，而评分的标准和估计的依据本身就难以确定。

7.2.2　模糊相对风险度

假设有若干个研制方案，并假设在装备的研制过程中，技术原因造成的风险主要是由于技术不成熟或技术过于复杂。引起技术风险的主要因素见表 7-1。

表 7-1　引起技术风险的主要因素

技术风险度	成熟度	应用性
		完备性
	难易度	技术原理的复杂性
		工程实现的难易度
		可借鉴程度

应用性是指所采用的技术在国内外的应用情况，分国内已应用、国内未应用但国外已应用、国内外均未应用等几种属性；完备性是指所采用技术的完备程度，分没有预研基础、有预研基础但未经过工程原理样机验证、工程原理样机验证可行、工程实现方法有待改进、工程实现方法完备等几种属性；技术原理的复杂性描述所采用技术的复杂程度，分复杂、比较复杂、比较简单、简单等几种属性；工程实现的难易度描述所采用的技术在工程上实现的难易程度，分困难、比较困难、比较容易、容易等几种属性；可借鉴程度描述所采用的技术是否具有足够的技术资料或样品供借鉴参考，分无任何参考、有关键零部件供参考、有样机供参考、有部分技术资料供参考、有完整的技术资料供参考等几种属性。

模糊相对风险度方法对这些因素按属性进行分级，然后采用专家调查法对分级后的属性进行打分赋值，打分赋值采用 1~10 标度。

设某一方案 X_i $(i=1,2,\cdots,n)$ 共有 M_i 项带有风险的技术。

取论域 $U=\{U_j\}$ $(j=1,2,\cdots,m)$ 为某项技术在技术风险度各项因素的属性赋值之和，设高风险度 FUZZY 集为 $\tilde{H}$，中等风险度 FUZZY 集为 $\tilde{M}$，低风险度 FUZZY 集为 $\tilde{L}$，取 3 个集的隶属度函数为

$$\tilde{H}(U)=(U-5)/45 \qquad (5\leqslant U\leqslant 50) \qquad （7-8）$$

$$\tilde{M}(U) = (50-U)/29 \quad (21<U\leqslant 50) \tag{7-9}$$

$$\tilde{M}(U) = (U-5)/16 \quad (5\leqslant U\leqslant 21) \tag{7-10}$$

$$\tilde{L}(U) = (50-U)/45 \quad (5\leqslant U\leqslant 50) \tag{7-11}$$

由式（7-8）~式（7-11）可计算出每一项技术风险的高低程度，从而计算出每个方案中高风险的项目数 T_{hj}、中等风险的项目数 T_{mj} 和低风险的项目数 T_{lj}，各方案的技术风险示性数为

$$T_{xj} = W_h \cdot T_{hi} + W_m \cdot T_{mi} + W_l \cdot T_{li} \tag{7-12}$$

$$W_h + W_m + W_l = 1 \tag{7-13}$$

$$T_{hi} + T_{mi} + T_{li} = M_i \quad (i=1,2,\cdots,n) \tag{7-14}$$

式中，W_h、W_m、W_l——高风险、中等风险、低风险技术权重。

经规范化处理后可得到各方案的相对技术风险度为

$$P_{ri} = T_{xi} / \sum_{i=1}^{n} T_{xi} \tag{7-15}$$

模糊相对风险度方法的前提是假定存在若干个研制方案，因此采用该方法计算出的是各方案间进行比较的相对技术风险度，该相对技术风险度并不能回答装备研制风险的绝对状态。

7.2.3 风险指数法

风险指数法将风险事项发生的可能性和后果的严重性划分为不同的等级并给出其评分值，然后将可能性的得分和严重性的得分相乘或加权综合得出风险指数 R_I。

表 7-2~表 7-4 是欧洲航天局（European Space Agency，ESA）空间项目风险管理采用的评分标准及风险指数矩阵。表 7-2 中的后果严重性等级是用费用超出预算的百分比划分的。

表 7-5 列出了与风险指数对应的风险级别和需采取的措施，所提出的措施是原则性措施。

表 7-2 后果严重性等级

评分	严重性	后果
5	灾难性	导致项目终止
4	严重	项目费用增加超过 XX%
3	比较严重	项目费用增加超过 XX%
2	轻度	项目费用增加超过 XX%
1	轻微	较小或没有影响

表 7-3 可能性等级

评分	可能性	后果
5	最大	每个项目必然发生，将要发生一次或多次
4	高	在 10 个项目中，约有 1 个项目经常发生
3	中等	在 100 个项目中，约有 1 个项目经常发生
2	低	在 1000 个项目中，几乎不发生
1	最小	在 10000 个项目中，几乎从不发生

表 7-4 风险指数（$R_I =$ 可能性 $\times$ 严重性）矩阵

可能性	1	2	3	4	5
1	1	2	3	4	5
2	2	4	6	8	10
3	3	6	9	12	15
4	4	8	12	16	20
5	5	10	15	20	25

表 7-5 与风险指数对应的风险级别和措施

风险指数 R_I	风险级别	措施
$R_I \geqslant 20$	最大风险	不可接受风险，需采取新的措施
$15 \leqslant R_I < 20$	高风险	不可接受风险，需采取新的措施
$10 \leqslant R_I < 15$	中等风险	不可接受风险，积极管理并考虑备选措施
$4 < R_I < 10$	低风险	可接受风险，控制和监控项目管理
$R_I \leqslant 4$	最小风险	可接受风险，控制和监控项目管理

7.2.4 风险因子法

风险因子法主要用于对产品（硬件或软件）技术风险的评估。风险因子法将风险视为故障（失败）概率（P_f）和故障（失败）后果（C_f）共同作用的结果。故障概率依据硬（软）件的成熟性、复杂性和接口部件的依赖性进行估计；故障后果依据故障对性能、费用和进度的影响进行估计。当故障后果严重导致产品的效用完全丧失时，$C_f = 1$；故障不造成任何后果时，$C_f = 0$。

由于故障概率和故障后果均是独立事项，它们对风险的贡献用事项和的关系式描述，即风险因子 R_F 为

$$R_F = P_f + C_f - P_f C_f \tag{7-16}$$

$$P_f = aP_{mh} + bP_{ms} + cP_{ch} + dP_{cs} + eP_d \tag{7-17}$$

$$C_f = fC_t + gC_c + hC_s \tag{7-18}$$

式中，P_{mh}、P_{ms}——与硬件、软件成熟程度有关的失败概率；P_{ch}、P_{cs}——与硬件、软件复杂程度有关的失败概率；P_d——对其他部件的依赖性而造成的失败概率；C_t、C_c、C_s——失败后果对性能、费用、进度的影响；a、b、c、d、e——加权因子，它们的总和等于1；f、g、h——加权因子，它们的总和等于1。

若研制产品不包括软件，则可不计与软件有关的失败概率。

表 7-6 列出了影响失败概率的因素、程度和取值范围，表 7-7 列出了影响失败后果的因素、程度和取值范围。

表 7-6 影响失败概率的因素、程度和取值范围

取值	成熟性 P_m 硬件 P_{mh}	成熟性 P_m 软件 P_{ms}	复杂性 P_c 硬件 P_{ch}	复杂性 P_c 软件 P_{cs}	依赖性 P_d
0~0.2	现有的硬件	现有的软件	简单设计	简单设计	不依赖于现有系统、设施或有关承包商
0.2~0.4	局部重新设计	局部重新设计	复杂性局部增加	复杂性局部增加	对现有系统、设施或有关承包商的依赖性有所增加
0.4~0.66	可行的重大更改	可行的重大更改	复杂性中等程度增加	复杂性中等程度增加	性能依赖于现有系统的性能、设施或有关承包商
0.66~0.8	复杂设计，但技术可行	与现有软件有类似的新软件	复杂性显著增加	复杂性显著增加，程序块数目中等增加	进度依赖于新系统的进度、设施或有关承包商
0.8~1.0	最新技术，需完成某些研究	最新技术，以前从未做过	极其复杂	高度复杂，数据库极大，使用操作复杂	性能取决于新系统的进度、设施或有关承包商

利用表 7-6 和表 7-7 提供的取值判据，便可评估一个项目的 R_F 值。$R_F > 0.7$，属于高风险；$R_F < 0.3$，属于低风险；两者之间属于中等风险。

表 7-7 影响失败后果的因素、程度和取值范围

取值	技术性能 C_t	费用 C_c	进度 C_s
0.1（低）	对技术性能影响极小或无影响	费用有所变动，但不超出预算估计	对进度影响可忽略不计，研制进度的微小变化可由原进度的宽裕量来补偿
0.3（次要）	技术性能略有下降	费用估计值超过预算1%~5%	部分进度延后，小于1个月，需对进度计划作调整
0.5（中等）	技术性能有某种程度下降	费用估计值超过预算5%~20%	进度有所推迟，在1~3个月

续表

取值	技术性能 C_t	费用 C_c	进度 C_s
0.7（显著）	技术性能显著下降	费用估计值超过预算20%～50%	研制进度推迟超过3个月
0.9（高）	技术性能达不到指标	费用估计值超过预算50%	进度大为推迟，影响部分里程碑或可能影响系统各里程碑

注：里程碑指研制进程中重大的标志性节点。

风险指数法和风险因子法均属于风险的定性评估，有助于决策者了解风险程度，集中考虑高风险的问题及追溯风险的引发因素，制定相应的应对措施。

7.2.5 技术风险相关分析

在诸多风险成分的分析中，对费用风险和进度风险的量化效果较好。而且一般认为，对这两种风险问题的解决也较为彻底。相比较而言，技术风险由于问题本身比较复杂，问题的解决并不彻底。技术风险相关分析是对工程项目技术风险的组成以及技术风险与其他风险成分之间的相互关系进行深入研究的有效方法。

对于装备研制，如果技术水平不高或性能指标不高就不可能立项，因此没有技术风险的发展项目是不存在的。

在装备研制过程中，为了达到预期的性能指标，可能需增加经费和推迟进度，在这种情况下，装备研制的技术风险体现为研制的费用风险和进度风险的组合，简述为"增"和"拖"；若增加了经费和推迟了进度，但仍可能在可预期的时限内无法达到预期的性能要求，只能降低性能指标。在这种情况下，装备研制的技术风险体现为研制的费用风险、进度风险和性能风险的组合，简述为"增""拖""降"。

在某种极端情况下，增得过多、拖得过久、降得太低，使项目研制失去了原有的意义；或效费比过低，或性能已落后，新体制装备、替代装备已出现等，在此情况下决定终止项目研制，项目研制失败。此种情况下装备研制的技术风险体现为费用风险、进度风险、性能风险和失败概率的组合。因此在装备研制的风险分析中，要充分考虑关键技术系统研制的成功概率及其对总体研制的综合影响。

装备研制所存在的技术风险是针对现有工业基础、现有技术方案、现有经费预算、现有进度估计而言的，其中任一项的改变均会改变装备研制的技术风险，而技术风险是导致进度和费用风险的主要原因。

7.3 装备风险管理方法

风险管理是达到装备研制项目目标不可缺少且十分重要的管理内容。风险管理的任务是辨识、分析和消除、减少或抑制潜在的风险。风险管理的过程包括风险辨识、风险评估和风险处理[41]。

1. 风险辨识

风险辨识是风险管理过程的第一步。风险辨识的目的是确定什么风险可能影响工程项目,并加以说明和描述。风险辨识是风险管理中应及早进行的重要环节。

风险辨识的方法有核对表法、故障树分析法、财务报表分析法、系统分解法、环境分析法、专家访问法和类推比较法等。

核对表法通常按风险源进行组织,将可能经历的风险事项列出,组成核对表,利用核对表考查项目在实施过程中可能遇到的潜在风险。

故障树分析法将其引入风险辨识,需与工作分解结构结合使用。

财务报表分析法根据资产负债表、财产清单、盈亏状况表等对固定资产和流动资产等情况进行风险分析,从财务角度发现面临的和潜在的风险。

系统分解法利用系统分解原理将一个复杂系统分解成比较简单和容易识别的子系统或系统元素,从而辨识出各子系统或系统要素的风险。

环境分析法分析项目的内部环境与外部环境的相互关系及其稳定性,一旦环境发生变化,则可以依据这种关系发现潜在的风险。

2. 风险评估

风险评估是以性能、进度和费用之间特定的相互作用为目标,对项目能否按预定计划实现的概率进行主观判断的过程。风险评估最重要的内容是对风险的量化,即对潜在风险发生的可能性和后果的严重性做出估计。

进行定量风险估计的方法在 7.2.3 小节中已有介绍。定量估计风险需输入大量的数据,在工程实践中,特别是在研制初期,由于数据不足或统计样本过少,定量估计风险是十分困难的。因此,经常采用定性方法估计风险。

3. 风险处理

风险处理是风险管理的行动环节,是指对经过风险辨识和评估分析后,对潜在的风险项目所采取的预防和应对措施。风险处理技术包括风险避免、风险控制、风险接受、风险转移和调查研究 5 项内容。

风险避免就是避免采用具有潜在后果并可能发生的方案,即将具有潜在后果并可能发生的方案剔除。

风险控制是通过持续地将管理技术应用于风险项目以完成预定计划的过程,即承认风险,但尽量减小潜在风险的发生概率和减轻风险发生带来的后果。对于已知的风险,可动用项目现有资源降低风险的严重性后果和风险发生的概率;对于可预测风险,可采用风险减轻策略使风险降低到可接受水平;对于不可预测风险,要尽可能将其转化为已知风险。

风险接受即风险承担，就是承认某个风险的存在并决定接受风险发生造成的后果。这种承认是建立在对存在的风险有透彻了解的基础上的。一般认为，那些低概率、后果轻微的风险在工程上是可以接受的。

风险转移是一种将风险分散的方法。风险转移将风险由一方分摊到一些与这种风险并不直接相关的其他方，从而降低所承担的风险。

调查研究本身并不是一种直接的风险处理技术，通过对风险进行持续不断的了解和研究，从而为采取有效措施降低风险发生的概率和后果的严重性提供科学依据。

对于一些大型工程项目，由于项目的复杂性，风险是客观存在的。为保证项目预定目标的实现，有必要制定项目风险应急措施。项目风险应急措施包括费用、进度和技术 3 种。预算应急经费在项目预算中要单独列出，一般称为"不可预见经费"；进度应急措施包括预留时间余量、采用缩短关键工序时间的措施（如增加经费、人力、物力投入）等；技术应急措施包括预留技术后备时间、技术应急费用等。

7.4 装备风险分析案例

某项目型号是在原有型号基础上改进的改型型号。随着科学技术和装备的发展，原型号项目在许多方面已不能满足作战需求，为此需要在原型号的基础上进行改造。

1. 项目目标要求

（1）技术要求。通过改进，提交满足使用部门需求和各项战术技术指标要求的某型号产品。该型号项目改进的主要内容：①采用带机动襟翼的双三角机翼气动布局；②换装加大推力和提高可靠性的发动机；③配装先进的航空电子系统；④增加外挂点，增挂机翼副油箱；⑤提高可靠性和维护性。

（2）进度要求。按研制合同要求，20XX 年底设计定型，20XX 年开始交付使用。

（3）经济要求。按研制合同要求，研制经费总计 XXXX 万元。按批复的战术技术指标要求，产品价格控制在原有型号的 165%左右。

2. 项目的主要里程碑

按照合同要求，根据国防项目的寿命周期并结合项目的特点，制定了项目的里程碑计划，见表 7-8。

表 7-8　某型号项目的里程碑计划表

序号	阶段	主要里程碑事项	时间
1	项目论证阶段	开始探索改型方案	20XX.12
2		开始做可行性论证	20XX.8
3		批准立项	20XX.10
4	项目方案阶段	开始方案评审	20XX.2
5		冻结技术状态，签订研制合同	20XX.10
6	项目工程研制阶段	设计图样完成	20XX.5
7		首次试飞开始	20XX.5
8		开始定型试飞	20XX.4
9		批准设计定型	20XX.5
10	项目生产交付阶段	首批交付	20XX.7
11		批准生产定型	20XX.12
12		预计停止订货	20XX

3. 风险评估与分析

为准确辨识项目可能存在的风险，项目管理办公室采用类推法、历史比较法、专家调查法等多种方法相结合的分析方法，经过广泛的调查，在征求各方面意见的基础上，总结出项目可能存在的主要风险事项如下。

（1）技术风险：①战术技术性能指标失当，个别指标达不到要求，影响项目进展；②双三角机翼布局失误影响项目进展；③机动襟翼系统失误影响项目进展；④发动机失误影响项目进展。

（2）计划风险：①订货方装备决策的改变导致项目中断；②进度严重拖延导致项目中断；③发生重大事故导致项目中断。

（3）费用风险：①费用超支影响项目进展；②产品价格过高影响项目订货。

（4）进度风险：①计划不周拖延进度；②技术问题拖延进度；③生产质量问题拖延进度。

（5）保障性风险：①研制的保障条件不适用使项目受到影响；②保障条件不具备或推迟使项目受到危害。

4. 风险控制与管理

为了对上述风险进行有效控制和处理，需要对风险进行量化。项目管理机构采用专家调查法，制定了型号项目风险评估量化表（表 7-9）。

表 7-9 型号项目风险评估量化表

风险事项	发生概率 P_f	风险严重性 C_f	风险等级 D_f

专　　家		日期	
汇总记录人		日期	
主　　管		日期	

表 7-9 中的风险事项由专家依据经验选定，并依据经验给出该事项的发生概率、风险严重性和风险等级。在向专家提供的风险评估材料中，应包括项目设想和论证的全部详细资料，以利于专家对潜在的风险进行科学的评估。

请专家参考项目管理机构提供的风险发生概率等级表（表 7-10）、风险严重性等级表（表 7-11）和风险矩阵（表 7-12）给出风险的量化值。然后将专家的意见经过汇总整理后由总设计师系统和项目管理机构提出分析和控制意见，利用研制转阶段评审，项目管理机构的项目检查与由工业主管部门和订货方主管部门共同参加的项目办公室进行决策处理。

表 7-10 风险发生概率等级表

描述	等级	发生概率	定义单个系统/产品	定义整批系统/产品
频繁	A	0.9	可能经常发生	连续不断发生
很可能	B	0.7	寿命周期内可能发生几次	经常发生
有时	C	0.5	寿命周期内可能发生	发生几次
极少	D	0.3	寿命周期内不大可能发生	存在发生的可能性
不可能	E	0.1	可能性微乎其微	不大可能发生

表 7-11 风险严重性等级表

描述	等级	风险严重性	定义
灾难的	Ⅰ	1.0	工程项目失败，全系统失效，一等事故
严重的	Ⅱ	0.7	工程部分主要项目失败，主要系统损伤，二等事故
轻度的	Ⅲ	0.4	工程部分项目失败，轻度系统损伤，三等事故
轻微的	Ⅳ	0.1	低于轻度系统损伤，或工程部分项目失误，易挽回

表 7-12 风险矩阵

风险发生可能性	灾难的	严重的	轻度的	轻微的
频繁	高	高	中	中
很可能	高	高	中	低
有时	高	中	中	低
极少	高	中	低	低
不可能	中	低	低	低

表 7-10 中的风险发生概率等级，表 7-11 中的风险严重性等级，表 7-12 的风险矩阵是项目管理机构采用专家调查法、类推法、历史比较法等方法，依据型号项目的特点与国家、军队、工业部门有关政策和规定给出的，供专家在评估时参考。

随着项目的推进，风险评估分析的内容和处理的方法会发生一定的变化。为此，项目管理机构按项目进展阶段（论证阶段、方案阶段、工程研制阶段和生产交付阶段）对以上风险事项进行评估、分析和处理。

在论证阶段需要分析控制的风险事项共 11 项，论证阶段风险管理情况表见表 7-13。

表 7-13 论证阶段风险管理情况表

序号	风险事项	本阶段目标任务	风险评估结果 P_f	C_f	D_f	风险评估和分析方法	风险处理
1	战术技术指标	报批作战使用要求	0.5	III	M	类推法、设计评审法	避免
2	双三角机翼布局	基本选定布局	0.5	II	M	类推法、专家调查法、设计评审法	预防
3	机动襟翼系统	研究可行性	0.3	IV	B	类推法、专家调查法、设计评审法	研究
4	发动机	选定发动机	0.1	III	B	类推法、专家调查法、设计评审法	预防
5	订货方装备决策	批准立项	0.7	I	H	类推法	避免
6	进度严重拖延	完成立项前工作	0.3	III	B	类推法、网络分析评估法	避免
7	重大事故	发动机试飞保证安全	0.1	II	M	类推法、质量管理法	避免
8	费用超支	预报研制费	0.5	IV	B	类推法、专家调查法、全寿命分析法	预防
9	产品价格过高	预报价格	0.5	IV	B	类推法、专家调查法、设计评审法、全寿命分析法	预防
10	计划不周	预报研制进度	0.5	IV	B	类推法、网络分析评估法	承担
11	技术问题拖延	完成立项前工作	0.5	IV	B	设计评审法、网络分析评估法	承担

第7章 装备风险分析理论与方法

续表

序号	风险事项	本阶段目标任务	风险评估结果 P_f	C_f	D_f	风险评估和分析方法	风险处理
12	生产质量问题拖延	无产品生产	—	—	—	—	—
13	保障条件不适用	暂未启动	—	—	—	—	—
14	保障条件不具备或推迟	暂未启动	—	—	—	—	—

注：M 表示"中"；B 表示"低"；H 表示"高"。

评估结果：高风险事项 1 项，中等风险事项 3 项，低风险事项 7 项（有 3 项尚未启动）。从历史经验和立项研制背景来看，订货方不予决策的可能性较大，因此"订货方装备决策"事项具有较高的风险等级，如果项目不能立项，研制就完全中断，前期的工作就全部废弃，因此该事项列为高风险事项。

在方案阶段需要分析控制的风险事项共 10 项，方案阶段风险管理情况表见表 7-14。

表 7-14 方案阶段风险管理情况表

序号	风险事项	本阶段目标任务	P_f	C_f	D_f	风险评估和分析方法	风险处理
1	战术技术指标	报批作战使用要求	0.3	III	B	类推法、设计评审法	承担
2	双三角机翼布局	确定布局，完成初样设计	0.5	II	M	类推法、设计评审法、可靠性分析法	预防
3	机动襟翼系统	确定方案投入研制	0.5	II	M	类推法、设计评审法、可靠性分析法	预防
4	发动机	技术协调	—	—	—	—	—
5	订货方装备决策	签订研制合同	0.1	II	B	类推法	避免
6	进度严重拖延	完成技术设计,冻结技术状态	0.5	II	M	类推法、网络分析评估法	避免
7	重大事故	完成试飞试用	—	—	—	—	—
8	费用超支	由研制合同确定研制费	0.5	III	B	类推法、全寿命分析法	承担
9	产品价格过高	控制方案阶段产品价格	0.5	III	B	类推法、全寿命分析法	—
10	计划不周	由研制合同确定计划进度	0.5	IV	B	类推法、网络分析评估法	承担
11	技术问题拖延	完成技术设计	0.5	IV	B	类推法、设计评审法、网络分析评估法	承担
12	生产质量问题拖延	进行产品生产	—	—	—	—	—
13	保障条件不适用	提出综合保障要求	0.1	IV	B	类推法、设计评审法	研究
14	保障条件不具备或推迟	完成保障条件建设	—	—	—	—	—

注：M 表示"中"；B 表示"低"。

评估结果：无高风险事项，中等风险事项3项，低风险事项7项（有2项尚未启动，另有2项在本阶段无实质性工作）。2项改型的技术核心（双三角机翼布局和机动襟翼系统）是该阶段研制工作的中心。

在工程研制阶段，所有14项风险事项都需要控制管理，工程研制阶段风险管理情况表见表7-15。

表7-15 工程研制阶段风险管理情况表

序号	风险事项	本阶段目标任务	P_f	C_f	D_f	风险评估和分析方法	风险处理
1	战术技术指标	全面考核战术技术指标	0.5	III	B	类推法、设计评审法	承担或转移
2	双三角机翼布局	完成研制和鉴定	0.7	II	M	设计评审法、可靠性分析法	避免或转移
3	机动襟翼系统	完成研制和鉴定	0.7	II	M	设计评审法、可靠性分析法	避免或转移
4	发动机	完成装机鉴定	0.3	III	B	设计评审法、可靠性分析法	避免或转移
5	订货方装备决策	批准设计定型，决策订货	0.3	II	M	类推法	避免
6	进度严重拖延	完成飞机研制鉴定	0.5	II	M	类推法、网络分析评估法	避免
7	重大事故	保证鉴定试飞安全	0.1	I	H	质量管理法	避免
8	费用超支	保证研制经费	0.5	III	B	类推法、全寿命分析法	承担
9	产品价格过高	控制产品成本	0.5	III	B	类推法、全寿命分析法	承担
10	计划不周	按计划完成研制鉴定	0.5	III	B	类推法、网络分析评估法	承担
11	技术问题拖延	从技术上保证研制鉴定	0.5	III	B	网络分析评估法、设计系统法	承担
12	生产质量问题拖延	保证研制试制质量	0.5	III	B	类推法、质量管理	承担
13	保障条件不适用	配套完成保障条件研制	0.5	III	B	类推法、设计评审法、可靠性分析法	承担
14	保障条件不具备或推迟	确定保障项目清单并订货	0.5	IV	B	设计评审法、网络分析评估法	预防

注：M表示"中"；B表示"低"；H表示"高"。

评估结果：高风险事项1项，中等风险事项4项，低风险事项9项。将"重大事故"列为高风险事项，在工程研制阶段应全力避免一等事故。对于工程研制阶段，应关注核心中等风险事项，其中 2 项飞机改型的技术核心事项均发生过中等的风险事项，造成了半年以上的进度拖延，技术风险转移为进度风险。

在生产交付阶段需要分析控制的风险事项共 12 项，生产交付阶段风险管理情况表见表 7-16。

表 7-16　生产交付阶段风险管理情况表

序号	风险事项	本阶段目标任务	风险评估结果 P_f	C_f	D_f	风险评估和分析方法	风险处理
1	战术技术指标	已在研制阶段完成鉴定	—	—	—	—	—
2	双三角机翼布局	已鉴定保证使用	0.1	III	B	类推法	承担
3	机动襟翼系统	已鉴定保证使用	0.5	II	M	类推法	承担
4	发动机	已鉴定保证使用	0.5	II	M	类推法	承担或转移
5	订货方装备决策	稳定订货	0.5	II	M	类推法	避免
6	进度严重拖延	保证完成生产交付	0.3	III	B	类推法	避免
7	重大事故	保证安全交付和部队正常使用	0.1	I	M	类推法	避免
8	费用超支	研制经费已结算	—	—	—	—	—
9	产品价格过高	控制成本和合理定价	0.5	II	M	类推法	承担
10	计划不周	按订货正常生产交付	0.3	III	B	计划评审	承担
11	技术问题拖延	从技术上保证生产交付	0.3	IV	B	计划评审	承担
12	生产质量问题拖延	保证生产交付质量	0.3	III	B	计划评审	承担
13	保障条件不适用	配套项目适用	0.5	II	M	计划评审	承担
14	保障条件不具备或推迟	配套交付	0.3	III	B	计划评审、网络分析评估法	承担或转移

注：M 表示"中"；B 表示"低"。

评估结果：无高风险事项，中等风险事项 6 项，低风险事项 6 项（另有 2 项已完成）。中等风险事项中以保障订货方的稳定订货为核心，保证机动襟翼系统、发动机和综合保障系统的正常工作，以避免使用中重大事故的发生。这样做的目的是使用户对产品有良好的评价，保持稳定订货，而控制飞机价格是订货稳定的关键。

风险事项评估等级是一种定性分析预测，会存在若干主观成分，因此在项目进展中，项目管理办公室要加强监控，视情况通过各种手段实施有效管理。此外，风险的控制管理是动态的，随着研制阶段的推进，风险评估分析的内容和处理的方法随项目的进展而变化，并且由于控制的不适时或不恰当，中低风险事项也有可能转变为高风险事项。因此，在风险的评估分析和处理的过程中，一定要及时和适当地监控和处理中低风险事项，将风险控制在中低范围，避免中低风险事项转变为高风险事项。若发生高风险事项，则必须及时处理。

该案例显示了项目风险评估和控制的全过程，虽然没有给出详细的计算过程，但从给出的方法可看出，相应风险评估的结果是通过大量定性定量方法获得的。风险事项的确定是通过类推法、历史比较法、专家调查法等多种方法相结合的分析方法，经过广泛的调查，在征求各方面意见的基础上获得的。风险事项的确定是实施风险分析评估的基础，风险事项确定得是否准确和科学事关风险管理的成败。在项目的风险事项中，有的风险事项是明显的，而有些风险事项则是潜在的，对潜在风险事项的判定需要丰富的经验和敏锐的判断能力。

第 8 章　装备系统综合评价理论与方法

对装备系统进行综合评价是一个复杂的系统问题，随着装备系统复杂性的增加和各种评价方法的不断完善，对装备系统发展综合评价的内容和对象越来越广泛，包括从方案论证、产品设计、系统开发到装备系统使用决策；从静态科研成果的评定到发展规划动态过程的评定等。

8.1　装备系统综合评价内容

装备系统综合评价一般包括技术水平评价、作战能力评价、风险分析、综合权衡和优化 4 项内容。

1. 技术水平评价

技术水平评价采用定性与定量相结合的评价方法，评价新研装备所能达到的技术水平。评价要逐层进行系统分析和综合评价，首先对新研装备所采用的高新技术进行定性描述，并与国际上的先进技术进行横向对比，分析这些技术相当于国外的什么水平；与此同时，对所采用的先进技术和最新科研成果在工程上实现的可能性及研制周期进行预测；在定性分析的基础上，进行定量分析，量化新研装备总体上能达到的技术水平和先进程度，给方案选择提供依据。技术水平评价定性与定量分析的方法有专家评估法、参数计算法等。

2. 作战能力评价

装备作战能力评价也采用定性与定量相结合的方法进行。首先对研制方案进行定性描述，对装备总体作战能力提高的趋势和特点进行横向和纵向对比；在此基础上，建立相应的模型，按单项装备、装备系统和装备体系 3 个层次逐级进行定量评价。

1）单项装备作战能力评价

单项装备作战能力定量评价主要进行效能评价，一般采用效能指数或交换率进行，采用效能指数属于静态分析方法，可用性较好；采用交换率属于动态模拟方法，使用有一定的局限性。对单项装备作战能力定量评价一般是在特定的作战想定下，采用计算机对抗模拟计算进行。

2）装备系统作战能力评价

在实际作战中，单一武器独立执行作战任务的情况极少，一般是以装备系统的形式参与作战。在单项装备作战能力定量评价的基础上，综合分析系统集成后对装备系统作战能力提升的特点和影响要素，如电子对抗能力与火力打击能力结合后对整体作战能力的提升效果，保障能力的影响等因素；根据装备系统所担负的具体作战任务，确定作战能力评价的指标体系，如拦截概率、电子对抗能力等；依据综合分析结果和评价指标，在特定的作战想定下，进行计算机仿真获得装备系统作战能力的定量评价；将定量评价结果与主要作战对象或外军先进的同类装备系统进行横向比较，从而获得装备发展的优化建议。

3）装备体系作战能力评价

在以上两项评价的基础上，针对现代作战体系对抗的特点，进一步评价装备体系的综合作战能力。对装备体系综合作战能力的评价可从作战能力和完成任务能力两个不同的角度进行，通过分析，找出进步点，指出存在的问题、薄弱环节和应采取的改进措施，为方案选择提供依据。

在进行装备建设总体规划论证时，通常要在经费、科研生产能力、时间进度等约束条件下拟制多个发展方案，对这些发展方案的对比可采用多种形式：不同方案作战能力的比较；与现有装备体系作战能力的比较；与需求方案作战能力的比较；与主要作战对手相同装备体系作战能力的比较；与主要作战对手对抗装备体系作战能力的比较。通过系统比较分析，获得现有方案的进步点和不足以及改进方向等概念。

通过在预定的作战任务条件下，计算模拟不同的建设规划方案完成规定作战任务的能力和程度，通过模拟了解方案的进步点和存在的问题。

3. 风险分析

对论证中提出的发展方案进行评价后，还应进行风险分析，为方案选择提供依据。风险分析的相关内容在第 7 章中已详细论述。

4. 综合权衡和优化

综合权衡和优化的目的是在投入和产出之间寻求最佳平衡点，评价的指标一般为效费比。综合权衡和优化的内容为装备作战需求优化、单一装备优化、装备系统优化和装备体系优化等。

作战需求优化的内容是科学合理地规划完成特定作战任务的装备需求，通过综合分析评价，提出合理的作战任务需求与装备体系、规模和结构需求，为装备发展提供牵引依据。

单一装备优化和装备系统优化主要依据装备的高新技术含量、先进性、经济性、作战效能、寿命周期费用等方面的评价，对装备发展方案进行优化。

受国家经济实力、国防科研生产能力、国际形势和周边环境等多种因素的制约，装备体系的发展规划一般远小于作战需求方案，因此需根据具体的限定条件对装备体系的发展进行综合优化。综合优化既要注意确保完成近期目标、应急作战任务，又能兼顾长远目标，适应多种作战对象、多类作战任务、多种作战样式。

综合权衡和优化建立在系统综合评价的基础上，通过综合权衡和优化，获得优化的装备系统和体系的结构，从而使装备系统发展方案能较好地满足未来的作战需求。

8.2 装备系统综合评价基本步骤

评价是为了科学决策，评价过程是决策过程的重要组成部分。评价和决策是一个复杂的科学分析过程，应按一定的步骤进行。完整的装备系统评价过程如图 8-1 所示。

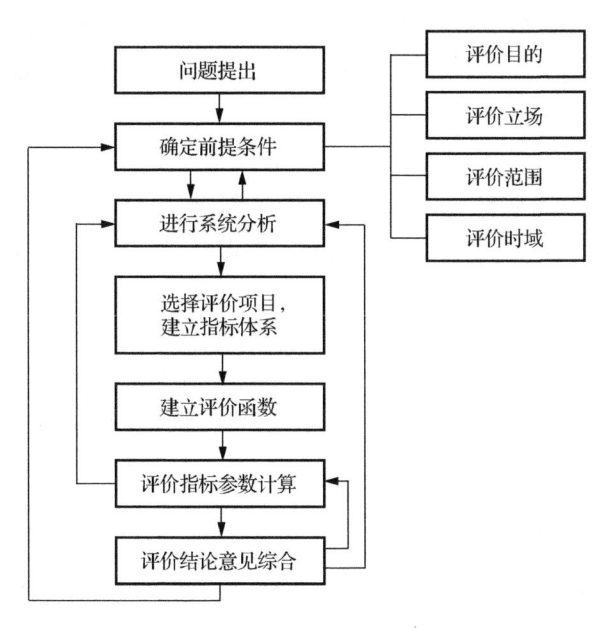

图 8-1 装备系统评价过程

1. 确定前提条件

系统评价问题提出后，首先需要确定前提条件，应明确的前提条件包括评价目的、评价立场、评价范围和评价时域。

1）评价目的

评价的总目的是为决策提供依据，此时需要明确以下几点。

（1）系统优化的定义：包括对象和优化的数值范围等；

（2）决策支持条件：提供给决策者进行决策依据的参考条件；

（3）决策行为说明：说明决策者进行决策的重要依据和取舍条件；

（4）达到目的的程度与风险说明：系统达到的性能水平和可能出现的问题等。

2）评价立场

评价前应明确评价主体的立足点，即说明评价主体是使用者（军方）、开发研制部门（工业部门）或第三方。评价主体的不同，则评价立场就不同，这对于评价方案的确定、评价项目的选择、指标体系的建立、评价准则的选定等均会产生重要影响。军方从使用者的立场出发，希望装备系统的战术技术性能指标越先进越好，寿命周期越长越好，适应性越强越好；工业部门从发展研制立场出发，希望技术可行性越高越好，技术难关越少越好，成本越低越好；中立的第三方则可能站在客观的立场上，对各方面的因素进行综合考虑，提出全面可行的评价项目和指标，进行科学的评价。

3）评价范围

评价范围主要说明被评价系统所涉及的领域。评价所涉及的辅助系统和配套系统应予以明确，对装备系统研制有重大影响的相关技术也应在评价前明确界定。

4）评价时域

应明确被评价系统处于装备发展寿命周期的哪个阶段。根据装备系统发展、研制、使用全过程，可将评价时域划分为4个阶段，即初期评价、中期评价、后期评价和使用期跟踪评价。

2. 进行系统分析

对被评价的装备系统进行系统分析，包括对系统的组成、结构、性能、技术状态、运用环境、经济性、寿命周期和武器系统的特点进行全面分析。通过系统分析为确定评价项目、评价准则及建立评价函数、评价指标体系提供信息。

3. 选择评价项目，建立指标体系

根据对被评价系统的分析结果选择评价项目，对评价目的和目标要求进行选择。对装备系统的评价首先应仔细分析战术技术指标要求，装备系统的总体性能，结合装备系统的特征，选择能反映全装备系统属性的战术技术指标作为评价准则，并在此基础上确定评价项目。随着评价主体的不同，考虑的前提条件不同，对评价项目的选择也不同，选择评价项目一般应遵循下列原则：

（1）评价项目必须在保证达到评价目的和充分体现评价目标要求的范围内进行选择；

（2）评价项目的选择必须保证装备系统全面达到战术技术指标和使用维护条件的要求；

（3）评价项目应与装备系统的评价指标体系协调一致；

（4）选择评价项目时，应保障项目本身的相对独立性，评价项目的选择应避免重复和冗余；

（5）在保证评价目的，体现评价目标的原则下，评价项目总数应尽可能少。

4. 建立评价函数

评价函数是使评价问题数量化的评价模型。根据评价目标及体现目标的指标，按决策问题的特征进行恰当的描述而形成的数学模型即构成评价函数。

装备系统评价属于多目标评价与多准则决策问题。评价函数本身就是多属性、多目标函数。评价函数的一般形式为

$$\max_{i=1,2,\cdots,n} [W_i(q_i - \overline{q}_i)] + \varepsilon_m \sum_{i=1}^{n} W_i q_i \tag{8-1}$$

式中，n——目标数；q_i——第 i 个目标（依描述的指标而定）；$\overline{q}_i$——第 i 个目标相对应的准则值；W_i——对应于第 i 个目标的权重；ε_m——非负调节参数（$0 < \varepsilon_m < 1$）。

式（8-1）可以用线性规划进行描述为

$$\begin{cases} \min CX \\ \text{s.t.} \quad AX = b \\ \quad\quad X \geqslant 0 \end{cases} \tag{8-2}$$

式中，C——n 维行向量，它的各分量为各种条件（如费用）的相对系数；X——n 维列向量，它的各分量为决策变量（如描述指标）；A——$m \times n$ 阶矩阵；b——m 维向量，A 和 b 为约束条件。

对于大型复杂装备系统,评价函数的描述通常是大型的线性规划问题。

5. 评价指标参数计算

建立评价指标体系和评价函数之后,在给定的战术技术指标要求(即评价准则)的条件下,即可计算指标参数。在计算指标参数前,应先根据各评价因素在评价问题中的作用和影响程度,合理确定各评价项目的权重系数。

6. 评价结论意见综合

根据计算和分析结果,对被评价武器系统提出综合性的评价意见,为决策者提供决策参考。综合评价意见是对被评价系统进行的技术、经济、社会等各方面的全面评价。对于装备系统的综合评价,应对其战术技术性能、使用维护性能、生产经济性、国内外社会影响、社会效益等多方面给予全面、正确的评价。评价包括技术性能、经济性、社会效益、经营管理等方面的内容,综合评价意见中还应根据装备系统参与评价的状态、条件、时域和评价目的提出结论性意见,并对决策提出建议。

8.3 装备系统综合评价方法

装备系统综合评价的方法主要有三类:一是以数学为基础的理论和方法,通过数学理论和解析方法,对装备系统的特性进行定量描述和计算;二是以数理统计为基础的理论和方法,通过统计数据分析,建立评价模型;三是通过仿真计算进行直接决策的方法,这类方法以数学、物理理论、现代控制工程和计算机科学为基础,是较为有效的方法。

8.3.1 层次分析法

层次分析法通过分析复杂系统的有关因素及相互关系,将系统简化为有序的递阶层次结构,使这些因素归并为不同的层次,包括目标层、准则层和方案层(或措施层)3个基本层次,如图8-2所示。

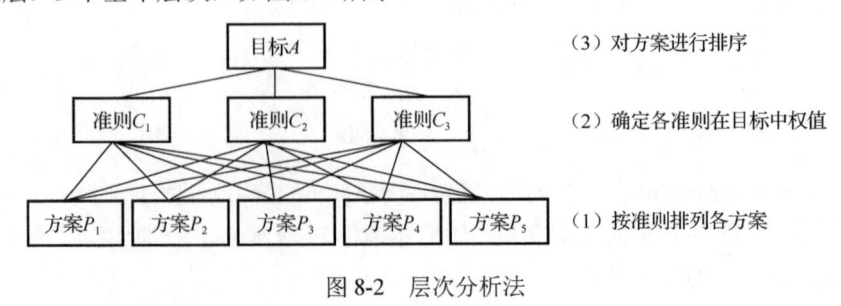

图 8-2 层次分析法

准则层还可以细分为子准则层。在每一层,可按上一层的某些准则(或因素),对该层的因素进行两两比较,对于每一层因素的相对重要性,依据人们对客观现实的判断给予定量表示,建立判断矩阵。通过计算判断矩阵的最大特征根和对应的正交特征向量,得出该层因素对于该准则的权重,最后计算出多层次因素对于总体目标的组合权重。依次下去,得到最底层(方案层)相对于最高层(目标层)的相对重要性次序的组合权重,以此作为决策和评选的依据[42]。

层次分析法是分析多目标、多准则复杂大系统的有力工具,适用于解决难以完全用定量方法进行分析解决的决策问题。层次分析法将人们的思维过程和主观判断数学化,不仅简化了系统分析与计算工作,而且有助于决策者保持其思维过程与决策原则的一致性[43]。因此,对于难于全部量化的复杂问题,利用层次分析法可以得出较为满意的结果。

装备系统的评价问题是一个多目标、多功能的复杂优化决策问题,且目标和功能又都具有多属性。对于这种问题,定性分析与定量计算相结合的层次分析法具有较好的适用性。层次分析法的理论方法较为成熟,因此在装备系统的评价中,层次分析法的应用较为成功,也最为广泛。

8.3.2 模糊综合评价法

模糊综合评价法应用模糊集理论对装备系统进行综合评价。模糊综合评价法通过专家组成的评价主体,对装备系统各方案的性能,经过分析判断,确定评价项目和评价尺度,建立隶属度矩阵,计算各评价方案的综合评定向量。最后确定各方案的优先顺序。

应用模糊综合评价法的主要步骤如下[44]。

1)建立评价主体

建立评价主体即邀请相关专家组成评价组织。

2)确定评价项目及其评价尺度

对于具有多层递阶结构的装备系统,通过专家讨论,确定装备系统的评价项目集,即

$$F=(f_1,f_2,\cdots,f_n) \quad (8\text{-}3)$$

式中,F——评价项目集;f_i——评价项目($i=1,2,\cdots,n$)。然后确定每一评价项目的评价尺度集:

$$E=(e_1,e_2,\cdots,e_m) \quad (8\text{-}4)$$

式中,E——评价尺度集;e_i——评价尺度($i=1,2,\cdots,m$)。

对于多层递阶结构，根据各层结构的项目建立相应的评价项目集与评价尺度集。

3）确定各评价项目的权重

根据专家经验，依据专家的分析判断，确定各评价项目的权重集，即

$$W = (w_1, w_2, \cdots, w_n) \tag{8-5}$$

式中，W——评价权重集；w_i——各评价项目的权重（$i=1,2,\cdots,n$）。

对于多层递阶结构的装备系统，按层次分析法或其他类似方法确定各评价项目的权重向量。

4）建立隶属度矩阵

按照确定的评价尺度对各评价项目进行评价，评价结果用第 e_j 个评价尺度评价第 f_i 个评价项目的可能程度表示，这种可能程度称为隶属度，用 r_{ij} 表示。对于 m 个评价尺度，第 i 个评价项目 f_i 的隶属度向量为

$$R_i = (r_{i1}, r_{i2}, \cdots, r_{im}) \quad (i=1,2,\cdots,n) \tag{8-6}$$

对于被评价方案 A_k 的评价项目集的隶属度，则可用隶属度矩阵 R^K 表示，即

$$R^K = \begin{bmatrix} r_{11}^k & r_{12}^k & \cdots & r_{1j}^k & \cdots & r_{1m}^k \\ r_{21}^k & r_{22}^k & \cdots & r_{2j}^k & \cdots & r_{2m}^k \\ \vdots & \vdots & & \vdots & & \vdots \\ r_{i1}^k & r_{i2}^k & \cdots & r_{ij}^k & \cdots & r_{im}^k \\ \vdots & \vdots & & \vdots & & \vdots \\ r_{n1}^k & r_{n2}^k & \cdots & r_{nj}^k & \cdots & r_{nm}^k \end{bmatrix} \tag{8-7}$$

矩阵 R^K 中，元素 $r_{ij}^k = \dfrac{d_{ij}^k}{d}$，其中 d 为参加评价的专家人数。r_{ij}^k 值越大，说明对 f_i 做出 e_j 评价的可能性就越大。

5）计算被评价方案的综合评定向量

根据模糊集合理论的综合评价概念，若已知隶属度矩阵 $R^K = \left[r_{ij}^k \right]_{n \times m}$ 和权重向量 W，则被评价方案 A_k 的综合评价向量 $S_k = (s_1^k, s_2^k, \cdots, s_m^k)$ 可用模糊矩阵表示：

$$S_k = WR^K \tag{8-8}$$

模糊综合评价向量 S_k 描述所有评价项目（评价项目集）相应于 e_j 评价尺度的加权值之和，即描述对被评价方案 A_k 的综合评价结果。

6）计算被评价方案的优先度

被评价方案 A_k 的优先顺序用优先度 N_k 描述。优先度为决策者提供决策依据信息，即

$$N_k = S_k E^{\mathrm{T}} \tag{8-9}$$

8.3.3 仿真法

仿真法系统综合评价典型结构流程图如图 8-3 所示。

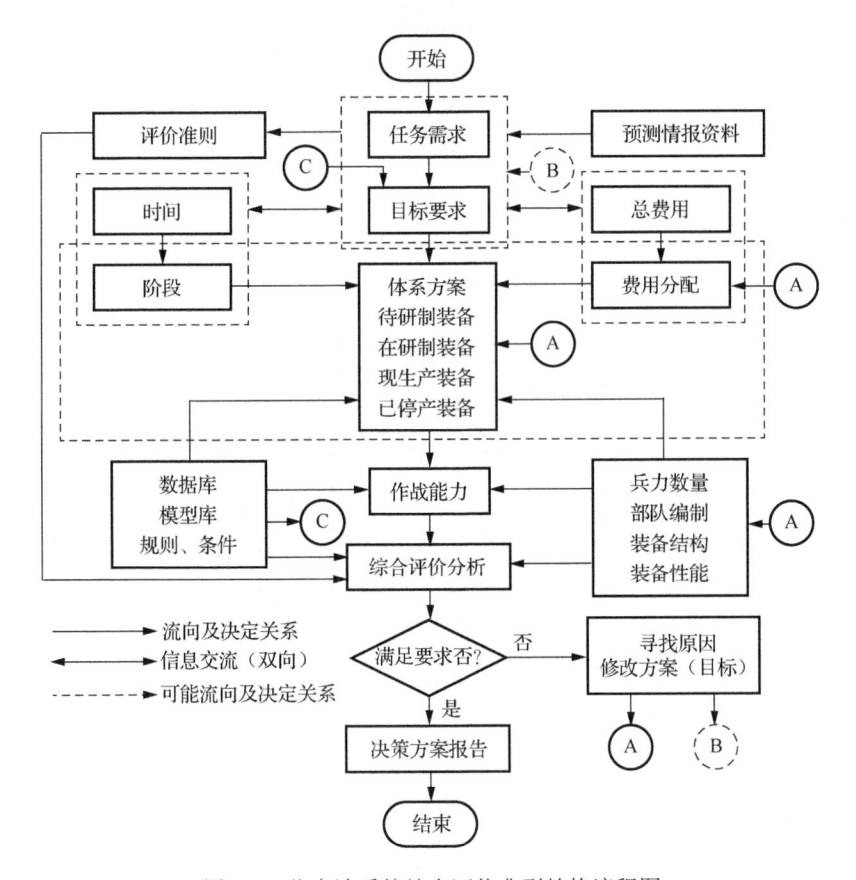

图 8-3 仿真法系统综合评价典型结构流程图

仿真法作战能力分析结构流程图如图 8-4 所示。
仿真法作战模拟系统结构流程图如图 8-5 所示。

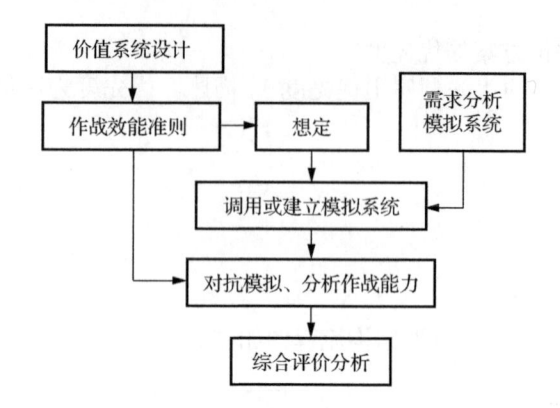

图 8-4 仿真法作战能力分析结构流程图

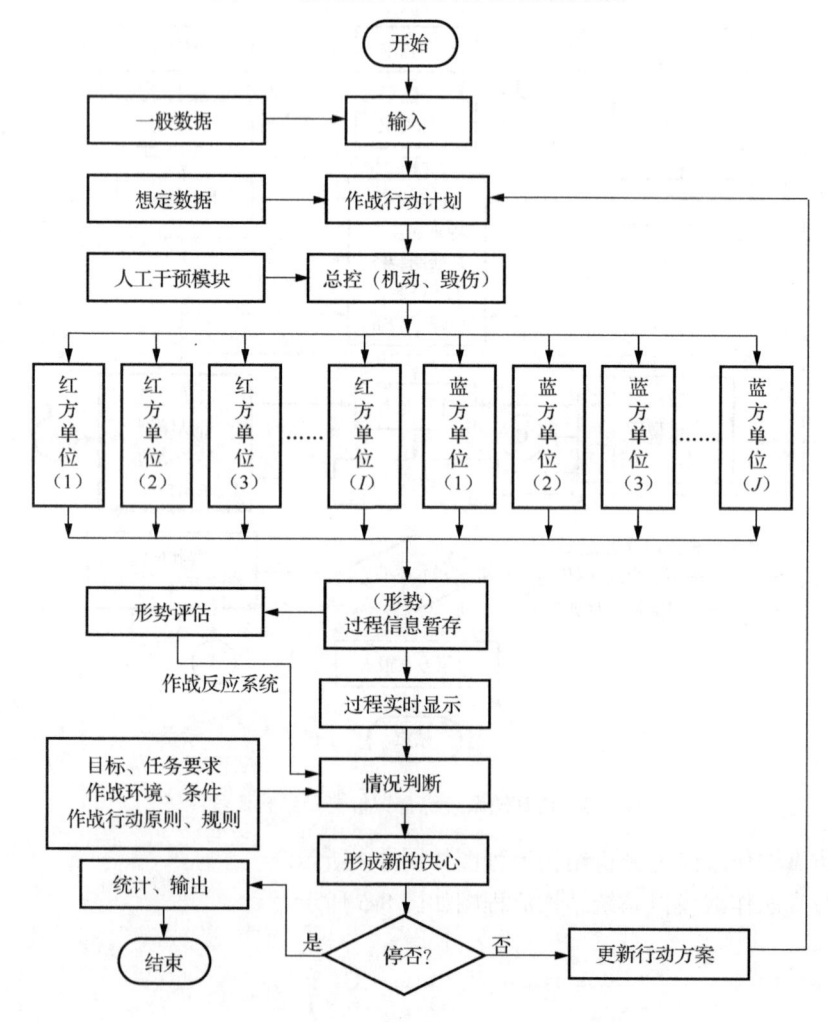

图 8-5 仿真法作战模拟系统结构流程图

根据评价要求确定的评价目标包括装备系统遂行作战的能力（即达到战术指标要求的程度）、各类装备的效能、功能和工程扩展能力、存在的缺陷和不足。进行系统评价时，一般采用化多目标为单目标加约束条件的方法建立多目标决策模型：

$$\max u = C_B / C_A \quad (8\text{-}10)$$

$$C_A = \sum_{i=1}^{I} C_i a_i \quad (8\text{-}11)$$

$$C_B = \sum_{j=1}^{J} B_j b_j \quad (8\text{-}12)$$

约束条件：$M_k = 1, \quad k = 1, 2, \cdots, n$。

式中，u——总价值比；C_A——我方装备作战对抗模拟付出的总价值；C_B——敌方装备作战对抗模拟付出的总价值；M_k——我方装备体系或规划计划方案满足其他各项目标要求的程度，$M_k = 1$表示第k项目标要求得到满足；a_i——我方第i类装备损失数；b_j——敌方第j类装备损失数；C_i——我方第i类装备采购价；B_j——敌方第j类装备采购价。

敌我双方作战方案一般采用混合策略。设我方策略集合为$X = \{X_1, X_2, \cdots, X_i, \cdots, X_m\}$；敌方策略集合为$Y = \{Y_1, Y_2, \cdots, Y_j, \cdots, Y_n\}$；对策矩阵为$A = \{a_{ij}\}$ $(i = 1, 2, \cdots, m, \quad j = 1, 2, \cdots, n)$，则形成矩阵对策：

$$G = \{X, Y, A\}$$

将矩阵对策问题化成线性规划问题，则X、Y应满足：

$$\begin{cases} \sum_{i=1}^{m} V_{ij} X_i \geqslant V & (j = 1, 2, \cdots, n) \\ \sum_{i=1}^{m} X_i = 1 & \\ X_i \geqslant 0 & (i = 1, 2, \cdots, m) \end{cases} \quad (8\text{-}13)$$

$$\begin{cases} \sum_{j=1}^{n} a_{ij} Y_j \leqslant V & (i = 1, 2, \cdots, m) \\ \sum_{j=1}^{n} X_j = 1 & \\ X_j \geqslant 0 & (j = 1, 2, \cdots, n) \end{cases} \quad (8\text{-}14)$$

根据规定的目标和要求，用建立的模型对各种方案进行仿真计算和分析（包括风险分析）比较，不断调整，直至获得满意的结果。

8.3.4 其他方法

1. 效能评价方法

效能评价方法的核心是建立效能概念与效能函数，利用效能函数对装备系统进行定量分析与评价。

效能函数存在的条件：一是各装备系统方案具有"可比性"，即各方案按其条件和给定的准则排序；二是具有"推移性"，即被评价的各装备系统方案之间的排序是可以传递的。

装备系统效能的分析、模型和评估在第 6 章已讨论过，关于装备系统效能分析的方法有许多资料可供参考。

2. 优化方法

通常情况下，装备系统评价的第一步是建立描述装备系统性能参数的数学模型，并将数学模型作为评价函数，通过优化方法求解数学模型，求得装备系统的优化参数，依据优化参数对装备系统进行评价。

优化方法在系统评价中的应用极为广泛，典型的数学方法为各种规划方法。优化的结果不一定是好的决策结果，一般情况下，决策要依据优化的结果和相应问题的效用函数进行。对装备系统评价的优化方法也有许多资料可供参考。

3. 效费分析方法

效费分析方法在第 6 章已详细讨论过，不再重复。效费分析方法的评价时域应是装备系统的全寿命周期。

在装备系统的评价过程中，效费分析法及其准则（包括效费比）不能单独作为评价依据。在评价过程中，应将效费准则与其他准则（指标），如研制周期、寿命周期等结合起来，以多准则为判据进行全装备系统评价。

4. 相关矩阵法

相关矩阵法通过建立相关矩阵，对各被评价方案进行系统评价[1]。

设被评价对象是 m 个装备系统发展方案 $A_1, A_2, \cdots, A_m$，被评价的方案有 n 个评价项目 $f_1, f_2, \cdots, f_n$，各评价项目的权重为 $w_1, w_2, \cdots, w_n$。对于第 i 个被评价的方案 A_i 的第 j 个评价项目 f_j 评定的价值为 V_{ij}（$i=1,2,\cdots,m$；$j=1,2,\cdots,n$），则建立相关矩阵见表 8-1。

表 8-1 相关矩阵表

方案	$f_1, f_2, \cdots, f_n$	V_i
	$w_1, w_2, \cdots, w_n$	
A_1	$V_{11}\quad V_{12}\quad \cdots\quad V_{1n}$	$V_1 = \sum_{j=1}^{n} w_j V_{1j}$
A_2	$V_{21}\quad V_{22}\quad \cdots\quad V_{2n}$	$V_2 = \sum_{j=1}^{n} w_j V_{2j}$
$\vdots$	$\vdots\quad\vdots\quad\quad\vdots$	$\vdots$
A_m	$V_{m1}\quad V_{m2}\quad \cdots\quad V_{mn}$	$V_m = \sum_{j=1}^{n} w_j V_{mj}$

采用相关矩阵法对装备系统进行评价的关键是确定各评价项目的权重以及由评价主体确定评价项目的评价尺度。

在相关矩阵中，V_i 为各方案的综合评价值，综合评价值的排序即为决策的参考依据。

8.4 装备系统综合评价指标体系

建立评价指标体系是系统评价工作中一项十分重要的工作，也是相对较为困难的一项工作。评价指标体系反映了决策者对发展中的装备系统的预期要求，同时，评价指标体系也是研制工作前进方向的指南，评价指标体系对研制工作具有十分重要的约束和牵引意义。

1. 评价目标与指标体系

系统评价活动是一种目标驱动的活动，目标只能通过具体的指标体现。任何一项装备发展计划或一项工程的评价，均是以一定的目标体系为前提。评价结果的有效性取决于一个科学、完善、合理的对评价过程起导向作用的目标体系。

评价指标体系从属于目标体系，指标是目标的具体化。指标应体现目标的要求、目标的实现过程、目标的持续性。

2. 评价目标与决策准则

装备系统的评价是一个多准则决策问题，目标是决策者期望达到的某种概念的一种表达，它反映了决策者的偏好和决策者的主观倾向，评价决策准则是在考虑了决策者的偏好和主观倾向的基础上，对评价目标给出的判断依据。评价决策准则是对指标体系中的重要指标给出的接受界限，在装备系统的战术技术指标给定之后，从属于评价目标的评价指标体系就是系统评价的准则体系，相应的指标就称为评价准则。

3. 评价指标体系结构

装备系统是由若干分系统组成的复杂巨系统，每个分系统又由若干部件组成，部件又包含若干要素。这种复杂巨系统可以分解为多个层次，每个层次又由多个要素构成递阶结构。对这种多层次递阶结构的复杂巨系统进行系统评价时，通常将问题逐层分解为分层递阶结构。

评价指标体系构成的分层递阶结构如图 8-6 所示。

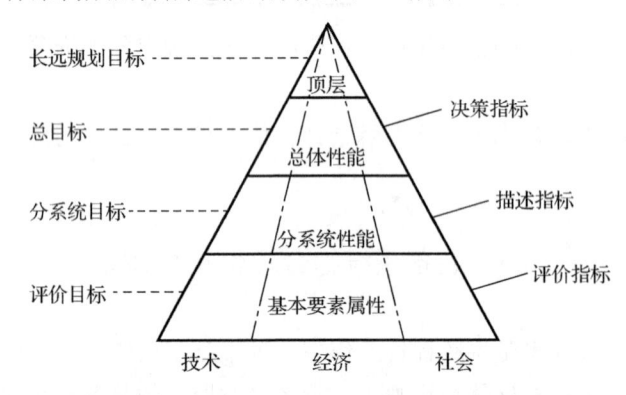

图 8-6 评价指标体系构成的分层递阶结构

对于具体的装备系统，可根据评价目的先构建指标体系的递阶结构，而后将指标体系具体化。指标体系的分层递阶结构也可按系统的组成用树状结构描述，树状结构的特点是各层要素间的支配关系互不相交。树状结构中，不同的分支通常对应于不同的分类目标，按属性划分，则按属性分类处理；按结构划分，则按结构特征分类处理。

在实际评价过程中，建立评价指标体系时，应根据问题的性质、评价目的、武器系统构成特征等属性，从不同角度构造评价指标体系的分层递阶结构。按横向属性可将被评价的装备系统分为技术性能、经济性能、社会效益等层次进行分析与评价。

8.5 装备系统综合评价案例

某低空近程地空导弹武器系统评价指标体系如图 8-7 所示。

利用 5 种典型的低空近程地空导弹武器系统为评价方案，评价低空近程地空导弹武器系统的探测能力。

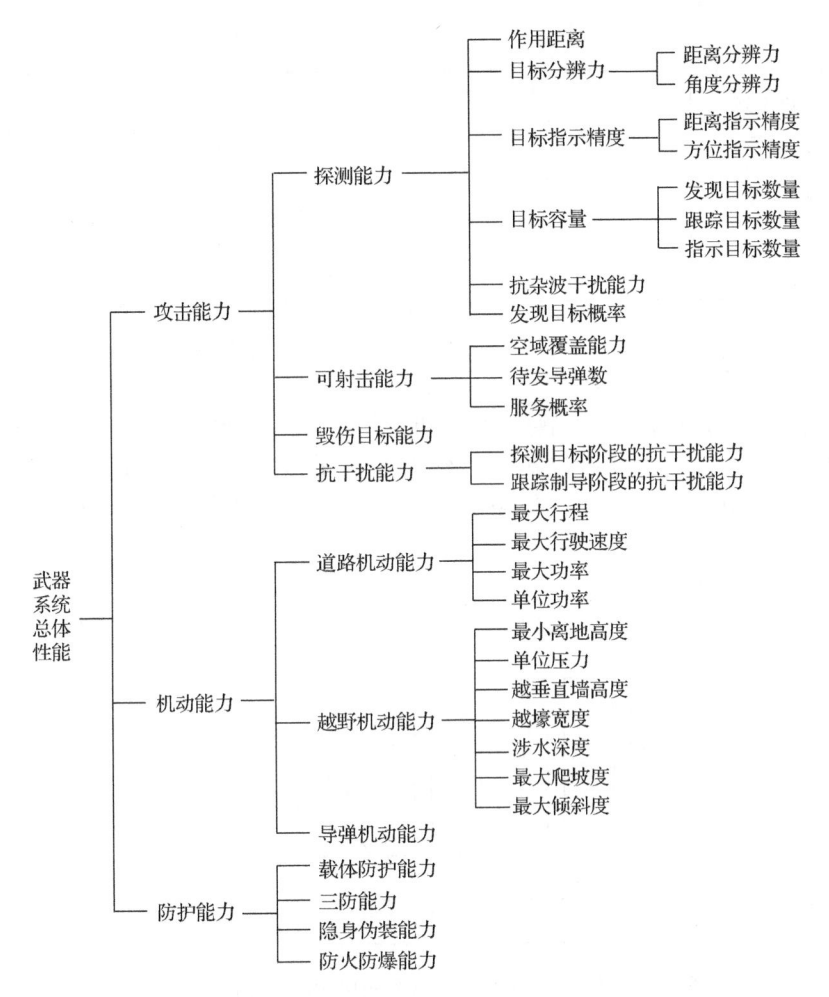

图 8-7 某低空近程地空导弹武器系统评价指标体系

5 种典型的低空近程地空导弹武器系统分别为"响尾蛇"（TSE5000）A_1、"沙伊纳"（TSE5100）A_2、"罗兰特"Ⅲ A_3、"阿达茨"（ADATS）A_4、超高速动能导弹 A_5。被评价的低空近程地空导弹武器系统的主要性能参数及其度量见表 8-2。

表 8-2 被评价的低空近程地空导弹武器系统的主要性能参数及其度量

性能参数及度量	"响尾蛇" TSE5000	"沙伊纳" TSE5100	"罗兰特" Ⅲ	"阿达茨" ADATS	超高速动能导弹
最大作战距离/m	8500	10000	8000	8000	10000
最大作战高度/m	3000	6000	5000	5000	5000
最小作战距离/m	500	500	500	500	1000
最小作战高度/m	50	15	15	15	20

续表

性能参数及度量	"响尾蛇" TSE5000	"沙伊纳" TSE5100	"罗兰特" III	"阿达茨" ADATS	超高速动能导弹
最大飞行速度/Ma	2.2	2.5	1.8	3	4.6
最大机动过载/g	25	35	20	35	40
单发杀伤概率/%	70	80	80	85	85
系统反应时间/s	10	8	8	8	5

1. 评价结构模型

由图 8-7 可以看到，影响探测能力的评价因素（准则或指标）有 6 个，分别为作用距离 B_1、目标分辨力 B_2、目标指示精度 B_3、目标容量 B_4、抗杂波干扰能力 B_5、发现目标概率 B_6。采用层次分析法，建立评价的结构模型图如图 8-8 所示。

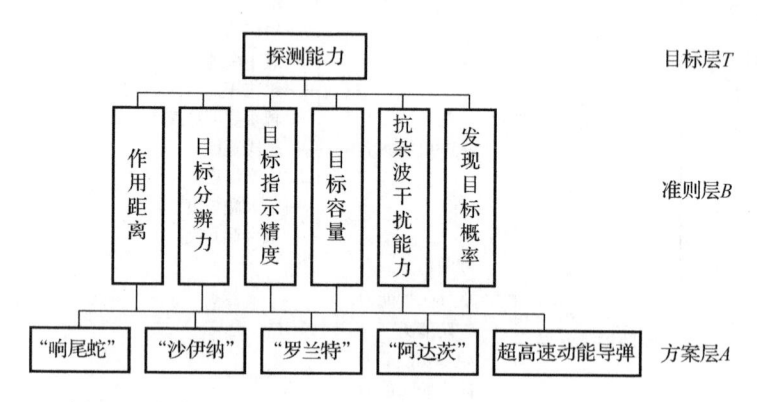

图 8-8 低空近程地空导弹武器系统探测能力评价结构模型图

2. 评价因素权重

邀请专家对 6 个影响因素进行两两比较，采用 1~9 标度建立判断矩阵求解评价因素的权重。建立的层次分析法的判断矩阵为

$$B = \begin{array}{c} \\ B_{11} \\ B_{12} \\ B_{13} \\ B_{14} \\ B_{15} \\ B_{16} \end{array} \begin{array}{cccccc} B_{11} & B_{12} & B_{13} & B_{14} & B_{15} & B_{16} \end{array} \\ \begin{bmatrix} 1 & 5 & 5 & 8 & 2 & 1/3 \\ 1/5 & 1 & 1 & 3 & 1/3 & 1/7 \\ 1/5 & 1 & 1 & 3 & 1/3 & 1/7 \\ 1/8 & 1/3 & 1/3 & 1 & 1/6 & 1/9 \\ 1/2 & 3 & 3 & 6 & 1 & 1/4 \\ 3 & 7 & 7 & 9 & 4 & 1 \end{bmatrix}$$

采用近似方法中的和法计算最大特征根和最大特征向量。判断矩阵归一化列向量，而后按行求和，对求和列向量归一化，即获得近似最大特征向量：

$$\begin{bmatrix} 0.199 & 0.288 & 0.288 & 0.267 & 0.255 & 0.168 \\ 0.040 & 0.058 & 0.058 & 0.100 & 0.043 & 0.072 \\ 0.040 & 0.058 & 0.058 & 0.100 & 0.043 & 0.072 \\ 0.025 & 0.019 & 0.019 & 0.033 & 0.021 & 0.056 \\ 0.100 & 0.173 & 0.173 & 0.200 & 0.127 & 0.126 \\ 0.596 & 0.404 & 0.404 & 0.300 & 0.511 & 0.505 \end{bmatrix} \xRightarrow{按行求和} \begin{bmatrix} 1.465 \\ 0.371 \\ 0.371 \\ 0.173 \\ 0.899 \\ 2.720 \end{bmatrix} \xRightarrow{归一化} W = \begin{bmatrix} 0.244 \\ 0.062 \\ 0.062 \\ 0.029 \\ 0.150 \\ 0.453 \end{bmatrix}$$

判断矩阵与最大特征向量相乘，有

$$BW = \begin{bmatrix} 1 & 5 & 5 & 8 & 2 & 1/3 \\ 1/5 & 1 & 1 & 3 & 1/3 & 1/7 \\ 1/5 & 1 & 1 & 3 & 1/3 & 1/7 \\ 1/8 & 1/3 & 1/3 & 1 & 1/6 & 1/9 \\ 1/2 & 3 & 3 & 6 & 1 & 1/4 \\ 3 & 7 & 7 & 9 & 4 & 1 \end{bmatrix} \cdot \begin{bmatrix} 0.244 \\ 0.062 \\ 0.062 \\ 0.029 \\ 0.150 \\ 0.453 \end{bmatrix} = \begin{bmatrix} 1.547 \\ 0.375 \\ 0.375 \\ 0.176 \\ 0.931 \\ 2.914 \end{bmatrix}$$

按近似方法中的和法求最大特征根：

$$\lambda_{\max} = \frac{1}{6}\sum_{i=1}^{6}(BW)_i / W_i$$

$$= \frac{1}{6}\left(\frac{1.547}{0.244} + \frac{0.375}{0.062} + \frac{0.375}{0.062} + \frac{0.176}{0.029} + \frac{0.931}{0.150} + \frac{2.914}{0.453}\right) \approx 6.191$$

$$\text{CI} = \frac{\lambda_{\max} - n}{n-1} = \frac{6.191 - 6}{5} = 0.0382$$

进行一致性检验，查表，$n=6$，$\text{RI}=1.24$，则

$$\text{CR} = \text{CI}/\text{RI} = 0.0382/1.24 \approx 0.0308 < 0.10$$

可知判断矩阵一致性良好，则 W 可作为权向量。各评价因素的权重为

$$W^{\text{T}} = (0.244, 0.062, 0.062, 0.029, 0.150, 0.453)$$

3. 相对隶属度

分别建立 5 个被评价系统相对于 6 个评价因素的判断矩阵：

$$C_i = \begin{matrix} B_j \\ A_1 \\ A_2 \\ A_3 \\ A_4 \\ A_5 \end{matrix} \begin{matrix} A_1 & A_2 & A_3 & A_4 & A_5 \end{matrix} \\ \begin{bmatrix} a_{11} & a_{12} & a_{13} & a_{14} & a_{15} \\ a_{21} & a_{22} & a_{23} & a_{24} & a_{25} \\ a_{31} & a_{32} & a_{33} & a_{34} & a_{35} \\ a_{41} & a_{42} & a_{43} & a_{44} & a_{45} \\ a_{51} & a_{52} & a_{53} & a_{54} & a_{55} \end{bmatrix} \quad (i=1,2,3,4,5; j=1,2,3,4,5,6)$$

按照前面的方法求出 5 个被评价系统相对于 6 个评价因素的相对隶属度：

$$W_i^{\mathrm{T}} = (w_{i1}, w_{i2}, w_{i3}, w_{i4}, w_{i5}, w_{i6})$$

求出各被评价系统的相对隶属度后，进行加权综合，得到低空近程地空导弹武器系统探测能力各指标的相对隶属度见表 8-3。

表 8-3　低空近程地空导弹武器系统探测能力各指标的相对隶属度

指标	"响尾蛇" TSE5000	"沙伊纳" TSE5100	"罗兰特" III	"阿达茨" ADATS	超高速动能导弹
作用距离 B_1	0.4048	0.4405	0.4286	0.5714	0.5952
目标分辨力 B_2	0.3323	0.4884	0.3323	0.6677	0.6677
目标指示精度 B_3	0.3406	0.3406	0.3406	0.5743	0.6595
目标容量 B_4	0.4107	0.5714	0.4286	0.5178	0.5417
抗杂波干扰能力 B_5	0.4783	0.4783	0.5652	0.4348	0.5217
发现目标概率 B_6	0.4722	0.500	0.500	0.5278	0.5278

4. 评价结果

由被评价系统的相对隶属度向量乘以各评价因素的权重向量，即可求得各被评价系统探测能力的优先度及排序结果见表 8-4。

表 8-4　低空近程地空导弹武器系统探测能力的优先度及排序

优先度及排序	"响尾蛇" TSE5000	"沙伊纳" TSE5100	"罗兰特" III	"阿达茨" ADATS	超高速动能导弹
探测能力优先度	0.4381	0.4551	0.4700	0.5577	0.5606
探测能力优先顺序	5	4	3	2	1

本案例采用近似方法计算最大特征根和最大特征向量，通常的近似方法有幂法、和法、根法 3 种，本案例采用的是和法。按矩阵的定义计算最大特征根和最大特征向量较为复杂，判断矩阵的两两比较基本上是定性比较的量化结果，没必要进行精确计算，因此在采用层次分析法时，通常使用简便的近似方法。

第9章 装备系统建模仿真理论与方法

装备系统建模与仿真是对装备系统战技指标、费用、效能、风险等项目进行定量化分析和评价的基础。通过构建科学合理的模型，可以有效地描述装备系统的结构、工作过程、信息交互过程和作战使用过程。

9.1 装备系统建模概述

装备系统建模是一项复杂的创造性工作，依据描述层次和角度的不同，建模的方法很多。对装备系统的描述主要有 3 个要素，即装备、人员、人员与装备的结合。构建装备系统物理特征、信息特征的描述模型具有较为完善的方法，相比之下，对人员以及人员与装备结合的描述模型目前还难以满足实际需求。一般情况下，在构建装备系统模型时，主要考虑装备以及人员与装备的结合这两个要素[45]。

9.1.1 装备系统建模基本要求

装备系统的描述模型可以通过多种方式构建，所构建的模型需要经过反复的迭代和修改方可达到较好的适应程度[46]。一般情况下，对构建装备系统模型有下列基本要求：

（1）现实性。系统模型应能准确描述系统的实际结构和运行情况，应体现系统的本质属性和相互关系，包括信息流程、时序关系、结构联系等内容。

（2）精度足够。系统模型应具有足够的精度，精度要求与研究对象所处的时间、状态、环境等因素有关，同时受到仿真资源的限制，因此对于精度的要求要视具体情况而定，满足目标要求且适宜即可。

（3）规模适度。构建模型的目的是研究系统的特性，因此模型的规模应与研究的目的相适宜，在达到研究目的的情况下，模型的规模越小越好。

（4）难度适当。模型的求解难度应服从研究的目的，在达到研究目的的情况下，模型的难度越小越好。对模型规模和难度的要求实际上是简洁性要求。

（5）标准化。标准化的模型有利于重复利用、模型样本的积累、今后工作的借鉴。

以上 5 点基本要求相互之间具有一定的相关性，如精度和难度就相互制约，因此在实际建模时，需要在以上基本要求之间进行有效协调，以较少的投入达到较好的结果。

9.1.2 装备系统模型层次

在实际研究中，依据研究问题的角度和层次，以及解决问题的目的，采用不同的方法和工具构建装备系统的模型，采用不同的描述属性描述装备系统。装备系统模型的层次结构见表 9-1。

表 9-1 装备系统模型的层次结构

装备	描述属性	典型建模方法	应用实例
体系	损毁率 交换率	兰彻斯特方程 Petri 网 Agent 仿真法	防空体系
系统	效能 战技指标	ADC 模型 基于作战效能的指标规划	地空导弹武器系统
分系统	性能参数	导弹飞行弹道方程组 雷达方程	导弹 雷达
部组件	品质参数	发动机推力公式 弹体空气动力方程组	发动机 弹体

从目前的研究看，部组件和分系统的模型构建方法较为成熟和规范，相应模型的描述较为细致，描述的一致性较好，描述结果的可信度较高。系统级和体系级的结构组成复杂，相互联系和相互制约关系错综，因此目前对于系统级和体系级的模型描述方法和手段还不十分完善，建立有效、合理的装备系统级和体系级的模型是一项较为困难的创造性工作。

建立装备系统或体系的模型应依据装备系统或体系的作战过程进行，在结构关系、控制关系、时序关系、信息交换关系的约束下构建装备系统或体系的模型。一般情况下，装备系统或体系的模型是一个复杂的模型系统，由一系列模型或模型组构成。

对于地空导弹武器系统，在进行系统效能评估时，需建立的系统模型由目标模型、预警模型、目标指示雷达模型、制导雷达模型、指挥控制模型、目标毁伤模型、导弹控制模型、指令传输模型等一系列子模型组成，如图 9-1 所示。每一个子模型又由相应的方程和方程组构成，如导弹控制模型由导弹运动方程组、控制关系方程、发动机推力方程、导引方程等构成。

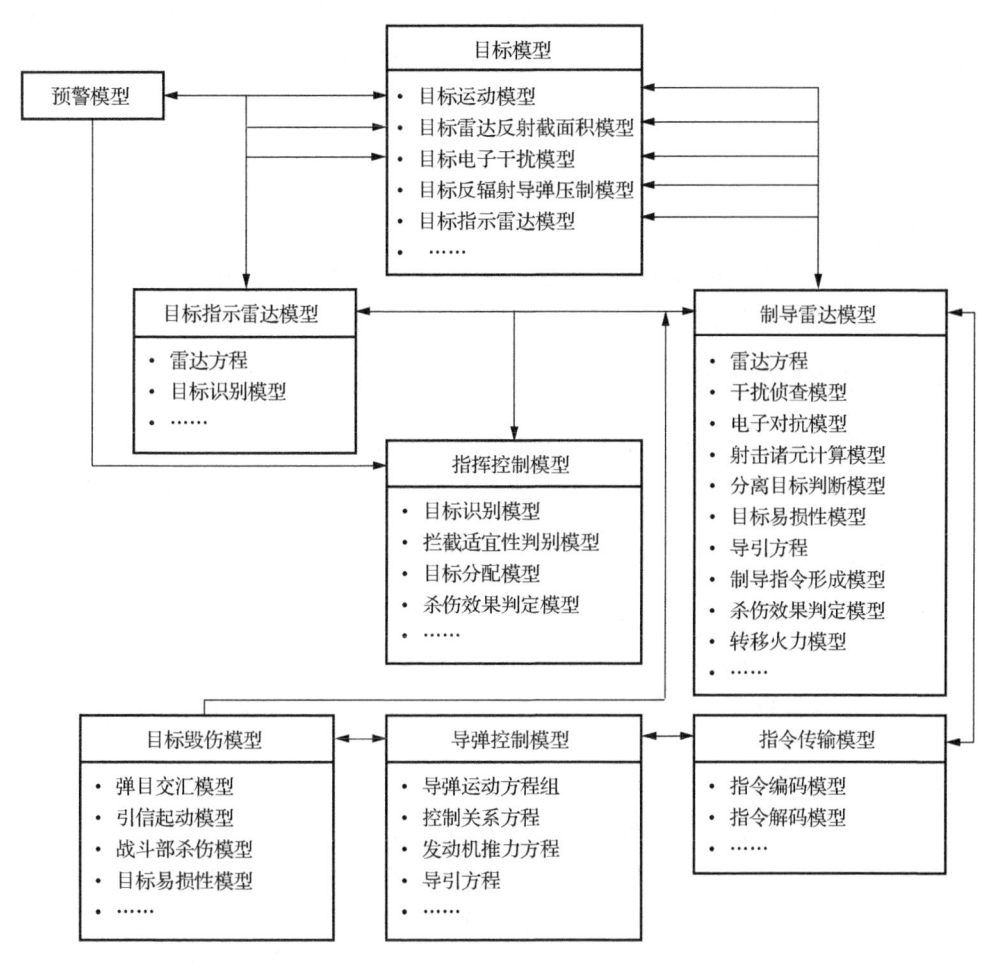

图 9-1 地空导弹武器系统模型结构

从图 9-1 可看出，建立一个武器系统的模型十分复杂，一个武器系统的模型由若干基础子模型构成，而这些基础子模型又由相应的更底层的模型或方程构成。采用综合集成方法由底层模型或方程构建武器系统的系统模型是构建武器系统模型的通用方法，这种方法具有明晰的层次结构，在描述非信息化装备系统时具有较好的表现，但在描述信息化装备系统方面还不十分完善。由于信息化对装备系统作战效能具有倍增器的作用，这种倍增作用是系统整体凸现原理所体现出的效应，这种效应具有明显的非线性特性。目前一般采用权值、隶属函数或指数函数的形式进行描述，这类描述方法描述的随意性较大、认可一致性不高。

装备体系的描述模型也可以使用类似的综合集成方法，采用构成体系的相应系统模型构建。由于系统的复杂性问题，单纯由若干系统模型构建的体系模型在反映体系特征和行为方面存在较大缺陷，需附加若干描述由系统构成体系所呈现出的性能凸现性问题的模型，但构造这类模型较为困难，目前的方法手段还相当不完善。这种不完善性随着系统层次和系统复杂性的增加而增加，其增长同样呈现出强烈的非线性特性。

构建装备系统或体系模型所遇到的困难主要体现在四个方面：一是信息的作用难以准确描述；二是在人与装备的结合中，人的作用难以准确量化描述；三是对性能凸现问题的理解和描述；四是对系统或体系内部相互影响的描述。以上问题在底层模型中一般不涉及，但在系统或体系模型中则必须加以考虑。

9.1.3 装备系统模型内部关系

建立单项装备的模型并不是一项十分复杂的任务。一般而言，单项装备的结构、控制、时序关系清晰明了，采用适当的模型即可以较好地进行描述，所建立模型的认可一致性程度较高。

装备系统或体系的模型相比单项装备模型而言，复杂程度倍增，且呈指数增长状态。由于装备系统或体系之间相互关系的复杂性，构建模型所要考虑的要素急剧增加，要素之间的相互关联复杂，这种复杂性给模型构建带来困难[47]。

在构建装备系统或体系模型时，需考虑的内部相互关系主要有以下 4 个。

1. 结构关系

装备系统的结构关系反映装备系统组成要素在物理上、功能上的相互关系，这种关系一般通过有形的物质联系体现。例如，通过机械结构结合；通过电缆连接的有形结合；通过能量传递、物质传递的有形结合等。装备系统的基本特征之一为由许多具有一定功能的要素（如装备系统的分系统、部组件）组成，各组成要素之间存在相互影响、相互制约或相互作用的关系。一个系统区别于另一个系统的根本点就在于组成要素不同，以及要素之间的相互关系不同，这些不同决定了系统结构的不同。系统的结构关系是系统保持整体性以及具有一定的整体功能的内在依据。目前，对装备系统结构关系的模型描述方法较为成熟，认可一致性较高。

2. 时序关系

装备系统的时序关系描述装备系统的工作序列，这种工作序列一般采用时序图描述，并可通过相互控制关系体现。时序关系是描述控制关系的基础，控制流程是依据时序关系顺序或平行展开的。

3. 控制关系

装备系统的控制关系描述装备系统工作过程中的相互联动关系，这种相互联动关系可通过有形的物质联系体现，也可通过无形的信息联系体现。对装备系统控制关系的描述与对其结构关系和时序关系的描述紧密关联，控制关系在时序关系的约束下通过结构关系体现出来。

4. 信息关系

装备系统的信息关系可分为两类：第一类是装备系统工作过程中的信息交互关系；第二类是作战过程中装备系统与交战对手之间的信息交互关系。第一类信息交互关系在某种程度上可纳入对控制关系进行描述，这类信息关系较为明确且可控，在大多数情况下可以进行静态描述。第二类信息关系的描述较为复杂，这类信息关系不可控且随机变化较为剧烈。对于装备系统的第二类信息关系，在静态条件下描述可以较为明确，而在动态条件下描述则变得十分复杂，尤其是在攻防对抗动态条件下，对敌对双方之间的信息交互、信息压制、信息干扰等情况的描述十分复杂。从作战角度考虑，敌对双方的信息状态在不断发生变化，并且这种变化是随着敌方的变化而变化的，因此在这种情况下，决策问题转化成了对策问题，相应的描述方法也应产生较大的变化。在敌对双方信息对抗条件下，对信息对抗效果的描述目前还没有十分成熟的方法，相比之下，对于火力打击效果的描述就简单明确得多。

在实际装备系统中，以上 4 种关系并不独立存在，它们相互交错、相互依存、相互影响、相互包含。在以上 4 种关系中，结构关系是基础，装备系统或体系的结构决定其控制关系、时序关系和信息关系。在一定条件下构建装备系统或体系的模型时，其结构关系、控制关系和时序关系基本上是确定的。在非对抗条件下，装备系统或体系的信息关系虽然复杂，但仍可以清晰地进行描述；在对抗条件下，装备系统或体系的信息关系发生较大变化，有时甚至变化十分迅速，这种动态特性给建模描述带来困难。在实际建模过程中，要依据研究的重点，采用相应的建模方法尽量准确地描述装备系统之间的相互关系。

装备系统的以上特点，加之研究人员对问题认识的不一致性，使得复杂装备系统的模型规范化程度、认可一致性程度均处于一个不是十分完善的水平，还有许多问题需深入研究。

9.1.4 装备系统模型外部影响因素

现代作战是信息化条件下体系之间的对抗，作战是在复杂电磁环境下进行的，基于这些影响，在装备系统模型的构建过程中，必须充分考虑信息化、复杂电磁环境、体系对抗等影响因素，并考虑这些影响因素的综合效应。

在装备系统模型中，对信息化、复杂电磁环境、体系对抗等因素的影响可分为两部分加以考虑，第一部分放在装备系统模型的内部关系中进行描述，这一部分描述主要集中在装备系统内部的信息关系以及系统之间的信息交互；第二部分则应放在外部影响因素中进行描述。目前对于信息化、复杂电磁环境、体系对抗等因素的描述方法还不十分成熟，许多学者在该领域进行了大量有益的探讨，获得了一些有益的成果。

1. 信息化

装备系统信息化的描述主要集中在对于指挥自动化系统的描述上，在该领域通用的方法有 Petri 网方法等。指挥自动化系统对于装备系统来说，既是外部信息的来源，又是系统组织协调的中心，指挥自动化系统的信息可以认为是一种装备系统的内部信息，也可以认为是一种装备系统的外部信息，具体确定要视研究的角度而定。

2. 复杂电磁环境

装备系统所处的复杂电磁环境的描述可分为两部分：一部分是装备体系之间的电磁兼容；另一部分是军事对抗中双方装备体系之间的电磁对抗。第一种复杂电磁环境的描述可采用相应的技术方法进行。第二种复杂电磁环境的描述则较为困难，因为敌对双方的电磁对抗是对策性的，并且是随时变化的，对这种复杂电磁环境的描述可采用典型目标、准稳态方法进行，并采用逐步渐进的方式反复进行。

3. 体系对抗

装备系统的作战仿真应放在体系对抗的大环境中进行，这样才能反映真实的作战环境。体系对抗环境的构建是目前装备系统作战仿真研究的重点内容之一。对于体系对抗的描述需要建立新的概念，体系的功能和效果并不能用多个单个系统的简单叠加进行描述。

4. 综合关系

装备系统建模与仿真应同时综合考虑信息化、复杂电磁环境、体系对抗等多种因素，多种因素的叠加增加了模型描述的困难，同时也增加了模型描述的真实性。在不同的情况下，为简化描述难度，可相对固定几种因素，重点描述某些因素，这是处理复杂系统通常采用的简化方法。

9.2 作战需求建模

对作战需求进行正确有效地描述并构建相应的模型是装备系统建模的首要任务，作战需求是装备发展的牵引。

作战需求建模的核心环节是将想象中的作战需求通过格式化和形式化描述，将作战需求转化为作战需求文档和量化的战术技术指标。军事人员（用户）与技术人员（装备开发人员）在研究领域、专业知识、思维方式和角度等方面存在差异，因此进行作战需求建模是达成军事人员和技术人员之间对新研装备系统认识一致性的有效途径。作战需求模型是军事人员和技术人员对新研装备系统发展认识的结合，也是军事人员和技术人员共同研究的成果[48]。

作战需求建模的重要目的是理解装备系统所担负的作战任务，准确地描述用户的需求，对装备系统作战使用所涉及的活动、节点和信息等元素相互之间的关系进行分析、规范。作战需求建模就是通过对作战活动的准确描述建立统一规范的作战需求模型，为装备系统的用户（军事人员）和开发人员（技术人员）提供认识一致的理解基础。

作战需求建模就是利用模型和仿真的手段，将构想中的装备系统放在所需求的作战环境中进行检验，从而得出特定作战条件下对装备系统的性能需求。因此从这一角度看，作战需求建模与作战建模和装备效能评估建模具有许多相同之处，方法和成果的相互借鉴程度很高。

9.2.1 作战需求建模目标

作战需求建模的基本任务是利用已证实有效的方法与技术对新研的装备系统进行需求分析，确定用户的需求，帮助技术人员理解问题并定义装备系统的所有外部特征。通过采用合适的工具和记号，系统地描述新研装备系统及其行为特征和相关约束，形成相应的需求文档。

作战需求建模的基本目标可以描述为利用有效的理论、方法与技术，通过作战需求获取、作战需求分析、作战需求描述、作战需求验证、作战需求管理等环节，实现作战需求模型的可获取、可描述、可检测、可达到、可实行和可跟踪。

可获取是指采用有效的需求引导、需求分析方法和技术，科学、全面、准确地获取用户对装备系统的各类需求。

可描述是指采用有效的需求描述、需求建模方法和技术，科学地归纳、建立用户对装备系统的各类需求模型，形成规范的、具有可操作性的、量化的需求规格文档。

可检测是指采用有效的需求评价方法和技术，依据一定的评价准则，对作战需求模型的全面性、合理性，以及作战需求之间的相关性、一致性进行科学地检验、评估。

可达到是指所描述的作战需求在规定的条件下是否可达到，作战需求模型所描述的作战需求能否转化为现实。验证可达到性需采用有效的需求验证方法和技术，分析所提出的作战需求在理论和实践上具备的条件和基础，从而验证所描述的作战需求是否可达到。

可实行是指在一定的限制条件下，分析作战需求模型所描述的作战需求转化为现实所涉及的人力、物力、财力以及其他相关的限制条件，验证所提出的作战需求是否可实行。可到达和可实行具有一定的差别，由于相关限制条件的约束，可达到的需求并不一定可实行。

可跟踪是指通过采用有效的需求管理方法和技术，实现作战需求模型的跟踪和变更控制，保证作战需求模型的来源可知、依据可查、关系可见、变更可控，并为后续装备设计、研制、测试工作提供依据和评价标准。

9.2.2 作战需求建模方法

全面、准确、深入的需求建模对装备系统的建设意义重大，作战需求模型是指导开发人员了解用户需求的指南，是保证后续系统分析与设计工作质量、进度和经费开支的基础，是系统评估、验收的主要依据。建立作战需求模型的出发点是从用户角度全面、精确地描述装备系统的作战需求。

作战需求描述和建模的方法和技术很多，定性的专家法是通常采用的方法，随着计算机仿真技术的发展，许多基于计算机仿真技术的建模方法被广泛采用。

1. 基于 CMMS 的需求建模思路

基于任务空间概念模型（conceptual model of the mission space，CMMS）的需求建模基础是由美国国防部在建模仿真计划中提出的。任务空间概念模型规范了与仿真无关的关于真实世界中的过程、实体、环境因素以及构成特定使命、行动或任务相关的关系和交互功能的描述，规范的任务空间概念模型近似一种"认识标准"，它可促进领域专家与仿真技术人员之间的沟通与协作，提高仿真模型的正确性、互操作性与重用性。尽管 CMMS 是针对仿真提出的，但它的研究思路和方法可用于作战需求描述与建模。

由于军事人员和技术人员各自的知识背景、经历与任务不同，二者的合作需要很好的沟通，构建作战需求模型的过程在对领域问题的理解和把握方面是军事人员和技术人员沟通的有效途径。

获取作战需求的技术实现可采用实体（E）、行动（A）、任务（T）和交互（I）

模版的思想进行。EATI 模版可分为面向实体和面向任务两部分，面向实体的部分包括实体和关系；面向任务的部分包括任务序列、任务、活动和交互等。通过面向实体的部分可以对装备系统的静态关系和结构进行基本描述，而通过面向任务的部分则可以对装备系统的动态行为和过程进行基本描述。最后，通过静态与动态的有机结合达到完整描述装备系统的目的。

在实际应用过程中，规范军事人员和技术人员之间的交流和沟通行为是建立任务空间概念模型首先要解决的问题。为此引入格式化与半形式化描述机制，对描述的内容与格式做出了规定，即在对装备系统作战行动非形式化描述（自然描述）的基础上，明确作战行动或概念描述的内容、格式，提供描述框架。

在对作战行动或概念的格式化与半形式化描述的基础上，通过军事人员和技术人员的交互进行作战行动或概念的规范化描述。规范化描述就是运用一种语义明确、规范易懂、简洁实用的作战描述规范，指导军事人员描述作战行动或概念，将作战行动或概念表述成系统分析设计人员易于理解的表达形式，使军事人员与技术人员在此基础上对作战概念达成一致性认识。

2. IDEF 方法

IDEF 方法是一种面向过程的需求描述与建模技术，最初称为结构分析和设计技术（structure analysis and design technique，SADT），由美国 SofTech 公司开发。过程建模技术是一种组织和描述系统处理、输入、输出和数据存储的技术，通过过程建模可更好地理解新系统，更好地定义新系统的需求和设计。

20 世纪 60 年代后期，IDEF 方法成为机器和人的相对复杂系统开发的工程规范。1981 年，美国空军采用了 SADT 中的 IDEF0 作为它集成计算机辅助制造（integrated computer aided manufacturing，ICAM）的一部分，这项技术很快成为美国国防部的标准活动建模技术。

IDEF0 是一种分析和逻辑设计技术，IDEF0 模型利用简单的语法和语义同时表达系统组成要素、要素功能以及它们之间的关系。IDEF0 活动建模将整个系统视为相关活动或功能的集合，其使用图形化语言、符号抽象和模块化原则，采用自顶向下逐层分解的方法，将复杂的系统简单化、抽象的系统具体化，一直分解到可执行模块。IDEF0 仅包括两种图形符号，即方框和箭头，其通过一个严格的过程确保所构建模型的质量。

3. UML 方法

面向对象的建模方法一般采用半形式化语言的符号描述（如图形）进行对象建模，在建模过程中，不同的学者采用不同的建模语言，这为模型的统一理解带来困难，因此需要建立一种统一的建模语言来规范需求建模。这一需求促进了统一建模语言（UML）的形成与发展。

UML 是一种定义良好、易于表达、功能强大且普遍适用的建模语言，已成为面向对象方法的标准建模语言。统一了面向对象建模的基本概念、术语及其图形符号，为开发人员提供了交流的共同语言。通过 UML 方法可建立可视化、规范化、结构化、文档化的面向对象的装备系统作战需求模型。

UML 表示法定义了 UML 符号的表示，为开发者使用这些符号和文本语法构建模型提供了标准。UML 由以下 5 类图（共 9 种图形）定义。

（1）用例图：从用户角度描述系统功能，并明确各功能的操作者。

（2）静态图：描述系统组成部分之间的静态关系，包括类图、对象图和包图。

（3）行为图：描述系统的动态模型和组成对象间的交互关系，包括状态图和活动图。

（4）交互图：描述对象间的交互关系，包括顺序图和合作图。

（5）实现图：描述连接的类型及部件之间的依赖性，包括构件图和配置图。

4. Petri 网方法

基于 Petri 网的建模是一种离散事件动态系统建模方法。Petri 网使用 4 种元素建立系统模型，即库所（place）、变迁（transition）、弧（arc）和令牌（token）。Petri 网的建模方法用库所、变迁、弧的连接表示系统的静态结构，通过变迁的激发和令牌的移动描述系统的动态行为。Petri 网是一种语义严格的形式化建模工具，对所建模型有一整套分析和评价的工具和手段。Petri 网对描述具有分步、并发、异步特征的离散事件动态系统具有独到之处，在描述 C^3I 系统的模型中被广泛运用。

5. Agent 方法

基于 Agent 的建模是一种基于智能技术的复杂系统建模方法。Agent 一词的意思是"代理"，即一个人代表另一个人或另一个组织去完成某种事情。

Agent 是一个运行于动态环境的具有较高自治能力的实体，它是一个具有智能的自治体。Agent 可以是一个系统、一套设备、一个计算机应用程序，甚至可以是人。Agent 的根本目标是接受另外一个实体的委托并为之提供帮助和服务，Agent 能够在该目标的驱动下采取包括社交、学习等手段在内的各种必要的行为，可感知、适应并对动态环境的变化进行适当的反应，Agent 与其服务主体之间具有较为松散和相对独立的关系。

因此可以认为，Agent 是一个具有自治性、社会能力、响应性、能动性行为特征的智能实体。

9.3 装备系统结构模型

装备系统的功能与其结构密切相关，建立装备系统结构模型的目的就是通过装备系统结构的模型描述，研究装备系统的功能表现，探讨装备系统满足作战需求的程度，并通过装备系统结构模型的研究对装备系统结构进行优化[49]。

系统结构分析是构建装备系统结构模型的第一步，在系统结构分析的基础上，理清装备系统的有序化结构。系统结构分析的主要内容包括系统构成要素分析、要素之间的关系分析等。

9.3.1 选择系统要素

系统功能分析将装备系统性能要求分解为各单项工作任务和活动，这些单项工作任务和活动相对独立，描述这些单项工作任务和活动的参数称为系统要素。

在建立系统结构模型前，应根据系统结构分析的目标对研究对象的组成要素进行分析，选择对建立模型起主要作用、能反映系统结构特征的要素组成系统的要素集。

一个装备系统的要素可能很多，全部列入研究范围会增加研究的复杂性和构建模型的难度。通过选择要素，研究主要的，忽略次要的。随着研究的进展和认识的深入逐渐增加所考虑的要素。

9.3.2 系统要素关系特性

选择好系统要素后，需对要素之间的关系进行分析，主要进行集合性分析、相关性分析和层次性分析[50]。

1. 要素关系集合性分析

对系统要素进行集合性分析的任务是通过功能分析形成构成系统的要素集。例如，对地空导弹武器系统提出的抗干扰要求，需要通过在雷达功率、雷达工作模式、通信模式、指挥体制等多方面进行综合考量方能达到要求。

2. 要素关系相关性分析

要素集的确定说明已选定了各种所需的系统结构组成要素，对要素关系进行相关性分析的目的是明确这些系统要素的聚合形式，并了解它们之间的相互关系。这些关系表现在系统要素之间所能保持的空间结构、排列顺序、相互位置、组织形式、操作程序等许多方面。这些关系构成了要素间的相互关系集。

系统要素之间的关系分为内部要素之间、外部要素之间和内部要素与外部要素之间的三种关系形态。依据系统要素之间的相互关系，可对系统内部的要素进行优化调整，对系统与外部环境之间的关系进行适应性协调。

3. 要素关系层次性分析

要素关系层次性分析的任务是明确各要素在系统中所处的层次位置和层次之间的关系。层次性分析有助于认识装备系统的结构和特点。装备系统的功能是其组成要素相互联系和作用的结果。由于装备系统作战任务的多样性和复杂性，任何单一或简单的功能都无法满足需求，装备系统的功能是各功能单元综合作用的结果，而功能单元必然是以某种阶层结构形式存在。

层次性分析是研究人员按照各要素联系的方式认识并研究复杂武器系统的一种有效方法。

9.3.3 系统要素间的相互关系

要素间的相互关系可以表述为两两要素间的作用和被作用关系、因果关系、相互影响关系等。系统结构模型不考虑要素之间的反馈关系，只研究系统要素之间的单向影响关系。分析系统要素间的相互关系可采用有向图分析法、相关关系图分析法、矩阵分析法等方法。

1. 有向图分析法

有向图分析法利用图论中图的概念建立研究对象的系统结构关系，要素间相互关系的有向图表示如图 9-2 所示。

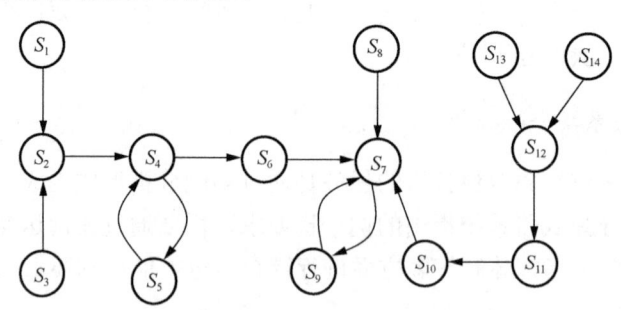

图 9-2 要素间相互关系的有向图表示

图用 $G = (S, E)$ 表示，其中 S 表示点的集合，E 表示边的集合。在有向图分析法中，点 S 表示系统的基本构成要素，边 E 表示各要素之间的联系和影响。在图 9-2 所描述的要素 S_1、S_2、$\cdots$、S_{14} 之间的相互关系中，S_1 与 S_2 是影响与被影响关系，S_4 与 S_5 是互为影响和被影响关系。

2. 相关关系图分析法

相关关系图分析法采用相关关系图描述要素之间的两两关系。通常，要素之间的关系有 4 种情况，即

（1）$S_i \times S_j$，表示 S_i 与 S_j 和 S_j 与 S_i 互有关系；

（2）$S_i O S_j$，表示 S_i 与 S_j 和 S_j 与 S_i 均无关系；

（3）$S_i \vee S_j$，表示 S_i 与 S_j 有关，S_j 与 S_i 无关；

（4）$S_i \wedge S_j$，表示 S_j 与 S_i 有关，S_i 与 S_j 无关。

明确系统要素之间的关系后，即可建立系统要素的相关关系图，如图 9-3 所示。

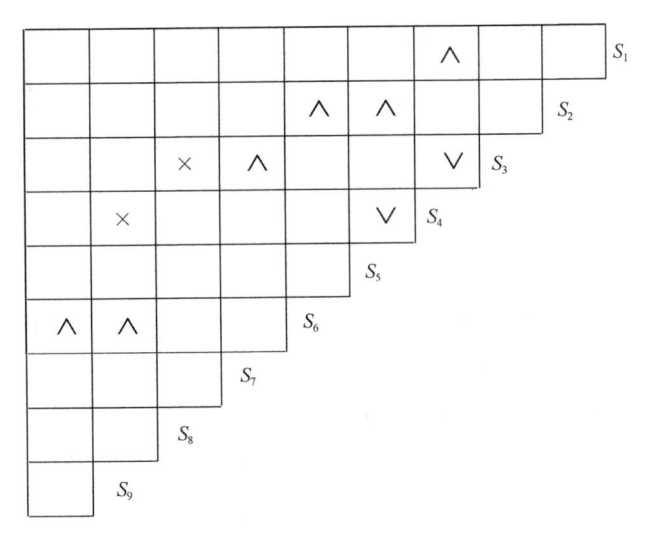

图 9-3 系统要素的相关关系图

在图 9-3 中，∨ 表示上方要素与下方要素有关，如 S_3 与 S_4；∧ 表示下方要素与上方要素有关，如 S_4 与 S_1；× 表示要素之间互有关系，如 S_3 与 S_8、S_4 与 S_9；空格表示要素之间没有关系。

3. 矩阵分析法

矩阵分析法采用邻接矩阵（adjacency matrix）描述系统要素两两间的关系，通过矩阵的布尔运算建立可达矩阵（reachability matrix），描述了系统要素经过长度为 1 的通路相互可以达到的情况。邻接矩阵为

$$A = \begin{array}{c} \\ s_1 \\ s_2 \\ s_3 \\ s_4 \\ s_5 \end{array} \begin{array}{ccccc} s_1 & s_2 & s_3 & s_4 & s_5 \end{array} \\ \left[\begin{array}{ccccc} & 1 & & & \\ & & & 1 & \\ 1 & & & 1 & \\ & & & & 1 \\ & & & & \end{array} \right] \qquad (9\text{-}1)$$

邻接矩阵 A 的元素 $a_{ij}=1$ 表示要素 s_i 与 s_j 有直接影响关系；$a_{ij}=0$ 表示要素 s_i 与 s_j 无直接影响关系。

邻接矩阵 A 加上单位矩阵 I，经过某种运算即获得可达矩阵 R，可达矩阵 R 描述了系统各要素间的直接关系：

$$A_{r-1} = (A+I)^{r-1} = R \quad (r \leqslant n-1) \qquad (9\text{-}2)$$

式中，n——矩阵的阶数。通过可达矩阵的推移率特性可获得系统要素相互达到的通路的长度。例如，s_i 经过长度为 1 的通路直接到达 s_k，而 s_k 经过长度为 1 的通路直接到达 s_j，则 s_i 经过长度为 2 的通路必可到达 s_j。

9.3.4 建立结构模型

根据已选定的系统要素和已明确的要素之间的关系，构建图形模型描述系统要素的层次性、集合性和关联性等特征。解释结构模型（interpretative structural modeling, ISM）法是目前常用的结构模型建立方法，该方法基本过程如图 9-4 所示。

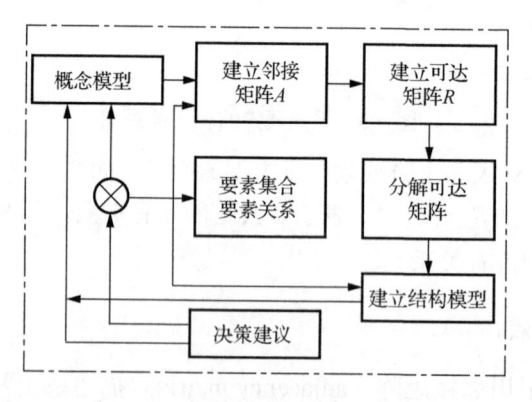

图 9-4 解释结构模型法基本过程

解释结构模型法是美国华费尔特教授 1937 年为分析复杂社会经济系统有关问题而开发的一种方法。其特点是将复杂的系统分解为若干子系统（要素），利用专家的实践经验和知识，在计算机的辅助下，最终将系统构成一个多级递阶的结构模型，并依据此模型分析系统各构成要素间相互联系的程度。

实施 ISM 法的工作步骤如下。

第 1 步：组织一个实施 ISM 法的工作小组，一般以 10 人左右为宜。小组成员应是有关方面的专家，对问题持关心态度，最好有能够及时做出决策的决策人参加。

第 2 步：设定问题。对所研究的问题进行设定，并取得一致意见，用文字形式予以规定。

第 3 步：选择构成系统的要素。凭借专家的经验，在若干轮讨论之后最终求得一个较为合理的系统要素方案。然后，制定出要素明细表。

第 4 步：根据要素明细表构思，建立邻接矩阵。邻接矩阵表示系统要素两两之间的关系。

第 5 步：建立可达矩阵，对可达矩阵进行分解，建立结构模型。矩阵分解是指划分系统要素的等级，进行系统连通性分析和划分系统回路集等。

划分系统要素的等级是为了描述系统的层次性。划分系统要素的等级逐层进行，从最高级开始。

第 6 步：建立结构模型。

解释结构模型法具有直观的特点，可借助计算机程序分析结构并建立模型，对于求解阶数较高的矩阵较为适宜。

解释结构模型法在装备系统结构分析中有很高的应用价值，它可以使论证人员借助结构模型了解对象系统的结构特点和系统内部各要素的相互关系，以及系统与环境之间的相互关系，为装备功能或性能要求的满足和优化提供决策方案。

9.4 装备系统仿真

在装备系统发展过程中，仿真已成为装备系统发展过程中必须经历的过程，在装备系统发展过程中具有十分重要的作用和地位。系统仿真是指在实际系统尚不存在的情况下，对系统或活动本质的实现，即采用可代表所研究系统的模型，利用计算机技术，对系统或系统的活动本质进行实验的过程。因此，仿真是一种基于模型，对系统进行实验研究的方法。

系统仿真是对实际系统的一种模拟活动，即利用模型模仿实际系统发展变化的规律。模型是对实际系统一种抽象的、本质的描述。这种描述根据研究的目的，研究影响系统活动的主要内部因素和环境因素，而忽略次要影响因素。

9.4.1 系统仿真分类

系统仿真的分类主要依据系统模型的基本类型、仿真中使用的计算机类型和研究对象的性质进行分类。

（1）依据系统模型的基本类型，系统仿真可分为物理仿真、数学仿真和物理-数学仿真。

物理仿真指按相似原理建立具有真实系统物理性质的物理模型，并在物理模型上进行实验的过程。物理仿真的优点是真实感强、直观、形象；缺点是仿真建模周期长、费用高、灵活性不足。

数学仿真指建立可计算的数学模型，并在计算机上对数学模型进行仿真计算的过程。与物理仿真相比，数学仿真具有快捷、经济、灵活的优点。数学仿真也称为计算机仿真。

物理-数学仿真指在仿真过程中，同时使用物理模型和数学模型，并将它们通过计算机软硬件接口连接起来进行实验。物理-数学仿真也称为半实物仿真。

（2）依据仿真中使用的计算机类型，系统仿真可分为模拟仿真、数字仿真和混合仿真。

模拟仿真基于系统模型数学上的同构和相似原理，通过专用的模拟计算机进行仿真试验。模拟仿真的特点是模型直观、运算速度快，但其精度较差，且通用性和灵活性不足。

数字仿真基于数值计算方法，利用计算机和仿真软件，进行系统的建模仿真试验。数字仿真具有自动化程度高、复杂推理判断能力强、快速灵活、方便经济、精度较高等特点。

混合仿真是将模拟仿真和数字仿真相结合的一种仿真方法。

（3）依据研究对象的性质，系统仿真可分为连续系统仿真和离散事件仿真。

连续系统是指系统状态随时间连续变化的系统，系统行为通常是一些连续变化的过程。连续系统的模型通常可用一组方程式描述。连续系统仿真就是求解系统运动方程组。

离散事件系统中，表征系统性能的状态只在随机的时间点上发生跃变，且这种变化是由随机事件驱动的，在两个时间点之间，系统状态不发生任何变化。离散事件仿真就是通过建立表述上述过程的模型，并在计算机上构建随机事件环境，模拟随机事件的发生、终止、变化的过程，从而获得系统状态随之变化的规律和行为。

9.4.2 系统仿真的基本步骤

系统仿真的内容和步骤如图 9-5 所示。

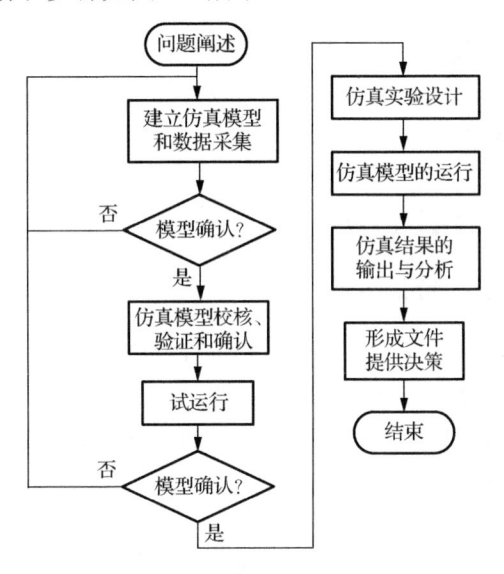

图 9-5 系统仿真的内容和步骤

系统仿真是一项应用技术，根据它的基本概念和求解问题的出发点及思路，在实施系统仿真应用时，一般遵循以下几个基本步骤[51]。

1. 问题阐述

系统仿真是面向问题的，而不是面向整个实际系统。因此，首先要在分析、调查的基础上，明确要解决的问题，以及要实现的目标。确定描述这些目标的主要参数（变量）及评价准则。根据以上目标，清晰地定义系统的边界，辨识主要状态变量和主要影响因素，定义环境及控制变量（决策变量）。同时，给定仿真的初始条件，并充分估计初始条件对系统主要参数的影响。

2. 建立仿真模型

模型是关于实际系统某一方面本质属性的抽象描述和表达。建立仿真模型具有其本身的特点。首先模型构建是面向问题和过程的。在离散系统仿真建模中，主要应根据随机发生的离散事件、系统中的实体流和时间推进机制，按系统的运行进程建立模型；在连续系统仿真建模中，则主要根据系统内部各个环节之间的因果关系、系统运行的流程，按一定方式建立相应的状态方程或微分方程实现仿真建模。

3. 数据采集

为了实施系统仿真，除了有必要的仿真输入数据以外，还必须收集与仿真初始条件及系统内部变量有关的数据。这些数据往往是呈某种概率分布的随机变量的抽样结果，因此需要对真实系统的这些参数，或类似系统的这些参数做必要的统计调查，通过分布拟合、参数估计和假设检验等步骤，确定这些随机变量的概率密度函数，以便输入仿真模型实施仿真。

此外，某些动态模型，如系统动力学、计量经济模型等，还需要对历史数据进行误差检验和模型有效性检验。

4. 仿真模型校核、验证和确认

在仿真建模中，所建立的仿真模型能否有效描述真实系统是决定仿真成败的关键。模型的有效性是用户最关心的问题之一，按照统一的标准对仿真模型的代表性进行衡量就是仿真模型的校核、验证和确认（verification，validation and accreditation，VV&A）。在仿真运行之前，一定要对仿真模型进行校核、验证和确认。

目前，对仿真模型进行 VV&A 常用的方法是三步法。第一步由熟知该系统的专家对模型作直观和有内涵的分析评价；第二步是对模型的假设、输入数据的分布进行必要的统计检验；第三步是对模型进行试运行，观察初步仿真结果与估计的结果是否相近，以及改变主要输入变量的数值时仿真输出的变化趋势是否合理。通过以上 3 个步骤，一般可认为该模型已经得到确认。然而，由于仿真模型确认的理论和方法目前尚未达到完善的程度，改进仿真模型的确认方法使之更趋于定量化，仍然是仿真领域的一项重要研究课题。

模型的有效性检验十分重要，也十分困难，但又必不可少。模型的有效性是指模型能在多大程度上反映它所描述的真实系统。检验模型有效性的方法较多，大致有以下几类。

（1）实践检验法。检验模型有效性最根本的方法是实践，即将模型与真实系统相比较。但特殊的是，战争无法试验。因此，作战模型很难用真实的战争实践来检验。

（2）模拟结果分析检验法。对模拟结果进行详细分析是发现模型缺陷的重要手段。结果分析方法有两种，第一种是宏观分析；第二种是微观分析。

宏观分析一般由军事人员进行。模型通过对某个想定方案模拟之后，把结果处理成便于分析比较的表格形式。例如，可按作战阶段、或单位、或武器类型统计出战果，根据这些表格数据，有经验的军事人员可用直观经验来判断结果的合理性。

微观分析一般由建模者进行。其做法是对模拟计算的各种中间结果进行仔细剖析，以找出造成模型不合理的具体环节。

通常在结果分析阶段先通过宏观分析，而在模型调试阶段主要采用微观分析，由军事人员指出不合理的结果所在，然后由模型设计者用微观分析方法找出导致不合理结果的因素，修改模型，再重复多次上述过程，直到结果被认为可接受为止。对于一个模型，应选取几个典型的想定进行结果分析，才能使模型受到较充分的检验。

（3）分块检验法。对于一个复杂的系统，模型往往由很多部分组成，有的是模块形式，有的是子程序形式。在进行模型检验时，可将代表不同物理意义的模块或子程序分开运行，按各自不同的功能进行检验。分块检验法一般在模型的建立过程中，在各自相应的环节进行。

（4）对比检验法。模拟模型的运行结果是否有效，可用另一个经过检验的模型，在相同的条件下运行进行比较。若结果接近，则可认为该模型比较有效。例如，在检验用兰彻斯特方程编制的作战模型时，可用蒙特卡罗法编制的程序进行检验。此时检验的必要条件是，用蒙特卡罗法编制的模型已被证实是有效的。

（5）敏感参数分析检验法。模型中的某些参数，在系统中有一定的变化范围。改变这些参数，观察模型的输出是否有相应的合理变化，是否有一定的敏感度。如果变化反常或反应迟钝，则可以判定模型的有效性较差。

5. 仿真模型的实现与验证

在建立仿真模型之后，需要按照所选用的仿真语言编制相应的仿真程序，以便在计算机上进行仿真运行实验。为了使仿真运行能够反映仿真模型的运行特征，必须使仿真程序与仿真模型在内部逻辑关系和数学关系方面具有高度的一致性，使仿真程序的运行结果能精确地代表仿真模型应当具有的性能。通常这种一致性由仿真语言在编程和建模的对应性中得到保证。但是，在模型规模较大或内部关系比较复杂时，仍需对模型与程序之间的一致性进行验证。通常均采用程序分块调试和整体程序运行的方法验证仿真程序的合理性，也可采用对局部模块进行解析计算与仿真结果进行对比的方法验证仿真程序的正确性。

6. 仿真实验设计

在进行正式仿真运行之前，一般均应进行仿真实验框架设计，也就是确定仿真实验的方案。这个实验框架与多种因素有关，如建模仿真目的、计算机性能和结果处理需求等。通常，仿真实验设计包括仿真时间区间、精度要求、输入输出方式、控制参数的方案和变化范围等内容。

7. 仿真模型的运行

经过确认和验证模型,就可以在实验框架的指导下在计算机上进行运行计算。在运行过程中,可以了解模型对各种不同输入和各种不同仿真方案输出的响应情况,通过获得所需的实验结果和数据,掌握系统的变化规律。

8. 仿真结果的输出与分析

对仿真模型进行多次独立重复运行可以得到一系列输出响应和系统性能参数的均值、标准偏差、最大和最小数值及其他分布参数等。这些参数仅是对所研究系统做仿真实验的一个样本,要估计系统的总体分布参数及其特征,还需要在仿真输出样本的基础上,进行必要的统计推断。通常,用于对仿真输出进行统计推断的方法有对均值和方差的点估计、满足一定置信水平的置信区间估计、仿真输出的相关分析、仿真精度与重复仿真运行次数的关系和仿真输出响应的方差衰减技术等。

以上是系统仿真的一般和原则性步骤,在实施仿真研究时,这些步骤紧密联系,针对不同的问题和仿真方法,以上步骤也不是一成不变的。从问题阐述开始,通过建立仿真模型,收集数据,校核、验证和确认仿真模型,在仿真实验设计的基础上,重复仿真模型运行,并对仿真结果进行统计分析和统计推断,直到为决策部门和人员提供满意方案为止的全过程是一个辩证、迭代的过程。

参 考 文 献

[1] 杨建军. 武器装备发展系统理论与方法[M]. 北京: 国防工业出版社, 2008.
[2] 李惠彬, 张晨霞. 系统工程学及应用[M]. 北京: 机械工业出版社, 2013.
[3] 孙东川, 林福永, 孙凯, 等. 系统工程引论[M]. 北京: 清华大学出版社, 2014.
[4] 赵峰. 海军武器装备体系论证方法与实践[M]. 北京: 国防工业出版社, 2016.
[5] 梁振兴, 沈艳丽. 体系结构设计方法的发展及应用[M]. 北京: 国防工业出版社, 2012.
[6] 麻广林, 谢希权, 高明洁. 装备作战概念设计框架[J]. 军事运筹与系统工程, 2012, 26(1): 5-13.
[7] 陈士涛, 李大喜, 赵保军. 基于 ONM 的无人机信息支援远程体系作战能力评估[J]. 系统工程与电子技术, 2018, 40(6): 1274-1280.
[8] 陈士涛, 安烨, 李大喜. 无人机远程远海持续信息支援作战研究[J]. 空军工程大学学报(军事科学版), 2017, 17(2): 76-79.
[9] 李大喜, 李小喜, 陈士涛. 基于 MOTE 的智能隐身无人机作战概念研究[J]. 装甲兵工程学院学报, 2019, 33(1): 1-6.
[10] 杨建军, 赵保军, 陈士涛. 空中"分布式作战"概念解析[J]. 军事文摘, 2019, 2: 11-15.
[11] 陈士涛, 李大喜, 赵保军, 等. 隐身有人/无人机组合编队协同空战概念研究[J]. 战术导弹技术, 2020, 6: 75-80.
[12] 李大喜, 杨建军, 许勇, 等. 基于 IDEF0 和 UML 的空基反导军事概念模型[J]. 系统仿真学报, 2014, 26(5): 969-974.
[13] 李大喜, 杨建军, 孙鹏, 等. MOTE 的空基反导军事概念模型描述[J]. 火力指挥与控制, 2014, 39(3): 108-113.
[14] 李大喜, 张强, 李小喜, 等. 基于 DoDAF 的空基反导装备体系结构建模[J]. 系统工程与电子技术, 2017, 39(5): 1036-1041.
[15] 肖吉阳, 杨冀, 李浩. 反高超声速导弹空基平台装备概念研究[J]. 空军工程大学学报(军事科学版), 2015, 15(2): 74-77.
[16] 田明虎, 樊延平, 郭齐胜. 模型驱动的装备作战概念设计方法[J]. 装甲兵工程学院学报, 2015, 29(4): 1-6.
[17] 游光荣, 谭跃进. 论武器装备体系研究的需求[J]. 军事运筹与系统工程, 2012, 26(4): 15-18.
[18] 张兵志, 郭齐胜. 陆军武器装备需求论证理论与方法[M]. 北京: 国防工业出版社, 2012.
[19] 豆亚杰. 面向元活动分解的武器装备体系能力需求指标方案生成方法研究[D]. 长沙: 国防科学技术大学, 2011.
[20] 张迪, 郭齐胜. 面向装备需求论证的能力需求规范化描述研究[J]. 军事运筹与系统工程, 2014, 28(1): 57-60.
[21] 吴红, 许永平, 王磊, 等. 武器装备体系能力需求论证方法初探[J]. 计算机仿真, 2009, 26(2): 27-30.
[22] 何国良, 樊延平, 郭杰. 装备作战能力需求分析方法[J]. 装甲兵工程学院学报, 2016, 30(2): 1-6.
[23] 陈英武, 豆亚杰, 程贲, 等. 基于作战活动分解的武器装备体系能力需求生成研究[J]. 系统工程理论与实践, 2011, 31(1): 154-163.
[24] 程贲, 谭跃进, 黄魏, 等. 基于能力需求视角的武器装备体系评估[J]. 系统工程与电子技术, 2011, 33(2): 320-323.
[25] 郭齐胜, 宋畅, 樊延平. 作战概念驱动的装备体系需求分析方法[J]. 装甲兵工程学院学报, 2017, 31(6): 1-5.
[26] 舒宇, 谭跃进. 基于能力需求的武器装备体系结构描述方法研究[J]. 军事运筹与系统工程, 2009, 23(3): 51-55.

[27] 舒宇. 基于能力需求的武器装备体系结构建模方法与应用研究[D]. 长沙: 国防科学技术大学, 2009.
[28] 卜广志, 毛昭军. 武器装备体系能力的组合分析方法与工具[M]. 北京: 国防工业出版社, 2012.
[29] 张骁雄, 葛冰峰, 姜江, 等. 面向能力需求的武器装备组合规划模型与算法[J]. 国防科技大学学报, 2017, 39(1): 102-108.
[30] 李翼鹏, 鲁赢. 基于能力矩阵的联合战场空间需求描述和分析[J]. 信息工程大学学报, 2017, 18(6): 764-768.
[31] 林龙祥. 航空发动机全寿命周期修理成本优化探讨[J]. 航空维修与工程, 2014, 9(5): 72-73.
[32] 白永生, 郭驰名. 基于 MAAP 的寿命周期费用分析[J]. 指挥控制与仿真, 2018, 40(3): 58-63.
[33] 王汉功, 甘茂治, 陈学楚, 等. 装备全系统全寿命管理[M]. 北京: 国防工业出版社, 2013.
[34] 王玉泉. 装备费用—效能分析[M]. 北京: 国防工业出版社, 2010.
[35] 卢文斌, 刘慎洋, 刘妍, 等. 基于 DEA 模型的装备费用-效能分析[J]. 数学的实践与认识, 2017, 47(6): 42-46.
[36] 杨峰, 王维平. 武器装备作战效能仿真与评估[M]. 北京: 电子工业出版社, 2010.
[37] 罗承昆, 陈云翔, 王莉莉, 等. 基于作战环和改进信息熵的体系效能评估方法[J]. 系统工程与电子技术, 2019, 41(1): 73-80.
[38] 赵旋, 赵晓宁, 全相印, 等. 战役战术武器费效比计算方法[J]. 兵工学报, 2020, 41(2): 257-264.
[39] 苏续军, 陈建泗. 模糊综合评价的装备研制风险评估[J]. 火力与指挥控制, 2013, 38(4): 118-124.
[40] 徐吉辉, 邹星琪. 基于 I-Monte Carlo 的飞机研制费用风险建模与实证分析[J]. 数学的实践与认识, 2015, 45(13): 58-66.
[41] 孙鹏才, 田涛, 罗马, 等. 舰船型号技术风险管理研究[J]. 中国造船, 2015, 56(1): 210-216.
[42] 薛居征. 基于层次分析法的群决策方法及应用研究[D]. 哈尔滨: 哈尔滨工业大学, 2011.
[43] 杨雪莹. 基于改进层次分析法的配电网规划综合评价方法[D]. 武汉: 华中科技大学, 2015.
[44] 张南, 牛腾冉, 徐建华, 等. 基于模糊综合评价法的某些布雷装备系统效能评估[J]. 兵器装备工程学报, 2017, 38(8): 25-31.
[45] 穆歌, 张富雪, 郭齐胜, 等. 复杂装备系统体系架构设计工程化基本理论研究[J]. 装甲兵工程学院学报, 2018, 32(2): 1-6.
[46] 宋敬华, 李亮, 郭齐胜. 武器装备体系贡献率评估方法[J]. 火力与指挥控制, 2019, 44(3): 107-111.
[47] 胡晓峰, 杨镜宇, 司光亚. 战争复杂系统仿真分析与实验[M]. 北京: 国防大学出版社, 2008.
[48] 胡晓峰, 杨镜宇, 张明智, 等. 战争复杂体系能力分析与评估研究[M]. 北京: 科学出版社, 2019.
[49] 焦逊, 岳秀清, 常凯. 装备效能评估与建模仿真技术[J]. 航天电子对抗, 2019, 2: 7-10, 32.
[50] 卜广志, 于芹章, 陈莉丽, 等. 体系的建模与仿真[M]. 北京: 国防工业出版社, 2017.
[51] 赵志允, 阳立晨, 秦锋. 装备仿真实验方法在装备论证的应用[J]. 舰船电子工程, 2016, 36(7): 134-136.